Maladie mon Amour
Petit manuel d'autoguérison

Anaïs Favre

© 2020, Anaïs Favre

Tous droits de reproduction, d'adaptation et de traduction, intégrale ou partielle réservés pour tous pays. L'auteure est seule propriétaire des droits et responsable du contenu de ce livre.

Graphisme couverture : Alexie Etilé, www.alexietile-graphicdesign.com

REMERCIEMENTS

Je tiens à remercier chaleureusement mon compagnon et mes enfants, pour inspirer mon quotidien et me permettre de polir mes facettes plus finement jour après jour. Votre amour m'est tellement précieux.

*

Je remercie également mes parents et mes sœurs pour être des soutiens infaillibles, et particulièrement ma mère pour ses patientes relectures, et mon père pour ces remarques pertinentes.

*

Je remercie enfin ma famille de cœur pour la force qu'elle m'a transmis et sa loyauté sans faille.

*

Un énorme merci à ma *Dream Team*, merci pour votre Amour, votre guidance, votre protection et votre assistance indéfectible.

Préambule

"Quand quelqu'un désire la santé, demandez-lui d'abord s'il est prêt à supprimer les causes de sa maladie. Seulement alors est-il possible de l'aider ".
Hippocrate

Dans la culture occidentale, il est d'usage, lorsqu'on aborde la maladie, de se positionner comme victime. Il n'y a qu'à observer comment on parle du sujet dans notre langue : "je suis *tombé* malade", "le cancer *m'est tombé* dessus comme ça, sans prévenir...", "la grippe fait des *victimes* toujours plus nombreuses", "le virus Ebola *décime* des populations entières...", etc. Transformant la guérison en une lutte difficile : "j'ai *combattu* le sida...", "je *me suis battue* contre la maladie", "je suis sortie *victorieuse* de mon cancer", il nous arrive même dans des accès de rage d'affubler la maladie de tous les noms : "cette *cochonnerie* qui traîne", « j'ai chopé une *merde* … » etc.
Rien qui nous encourage donc à nous sentir responsable du mal qui nous touche. Et pourtant, responsable, oui, coupable, non. Notre responsabilité face à la maladie – ou à tout autre évènement que nous vivons - est un parti pris dans cet ouvrage. La responsabilité est le devoir de répondre de ses actes, toutes circonstances et conséquences comprises, c'est-à-dire d'en assumer l'énonciation, l'effectuation, et par la suite la réparation lorsque l'attendu n'est pas obtenu. Devenir responsable de ce qui nous arrive est une prise de conscience qui nous libère de la liste des fatalités qui nous guette à chaque coin de rue, parmi lesquelles la maladie.

Ce n'est pas l'objet de cet ouvrage mais cela vaut la peine de s'y arrêter quelques instants, bien que d'autres l'aient traité de manière plus poussée[1]. La responsabilité des hommes découle des Lois universelles du Libre-arbitre et de l'Attraction. Ces Lois universelles sont des lois qui nous régissent sur le plan spirituel et énergétique et sont reconnues et partagées par de nombreuses traditions. Pour les expérimenter à titre personnel et les observer sur une échelle collective, dans leur simplicité mais aussi parfois dans leur complexité, j'ai choisi d'adhérer à la croyance de leur existence. C'est mon postulat de départ. Ainsi si nous sommes tous pourvus du libre-arbitre, et bien que cela se traduise de manière inégale chez chacun, nous sommes donc tous responsables de nos choix et responsables de ce que nous attirons à nous et de ce que nous créons. Prendre conscience de cette responsabilité nous permet de grandir intérieurement puisque tout ce qui nous arrive nous permet de comprendre progressivement qui nous sommes. Mais cela nous permet également de nous sentir libre, car ce qui survient n'est pas plus le fruit du hasard que celui de la fatalité, mais bien le résultat de ce que nous avons attiré à nous. L'Attraction évoque le résultat de la somme des demandes conscientes et inconscientes que nous formulons à l'Univers.

De nos jours, il semble encore atypique pour la plupart d'entre nous d'imaginer que nous puissions être responsables de notre guérison, et bien plus confortable de la remettre entre les mains d'un professionnel... Pourtant les études médicales sur l'effet des placebos[2] (qui donnent autant de résultats positifs dans la guérison de maladies diverses que des médicaments) viennent appuyer l'hypothèse que nous sommes capables de nous auto-guérir. Nous pouvons tous être les artisans de notre propre guérison. Les professionnels de santé - traditionnels ou alternatifs - ne représentent alors que des *facilitateurs* de guérison dont nous pouvons tous

---

[1] Cf. *Il faut le croire pour le voir,* Dr Wayne W. Dyer,
[2] Cf. chapitre 4.

nous passer potentiellement. Comprenons-nous toutefois, il peut être utile, voire incontournable parfois, de se faire aider.
Cela laisse supposer que contrairement au postulat de la médecine occidentale traditionnelle, il existe d'autres causalités qu'un disfonctionnement du corps physique ou des facteurs environnementaux à l'origine de nos maladies. Loin de moi l'idée de faire ici le procès de la biomédecine, mais plutôt de pointer que son rayon d'action est limité. Cela provient sans doute du fait qu'elle se cantonne à l'intervention sur les symptômes sans en comprendre leur origine. C'est une médecine mécaniste qui reste efficace pour des cas bien précis qui nécessitent de la technicité par exemple, ou dans le traitement de la douleur.

    Aujourd'hui le stress est régulièrement la réponse que notre système médical apporte à ceux qui posent la question « mais pourquoi suis-je malade ? ». Bien, on progresse… Maintenant j'ai envie de poser cette question, « qui ressent le stress ? ». Moi. Je suis donc responsable de ce qui m'arrive. En d'autres mots, si je n'étais pas sensible à certaines situations ou certaines expériences, je ne serais pas stressé.
« C'est ma faute si je suis malade alors ? » Non. C'est là qu'il ne faut pas tomber dans la culpabilité. C'est ma responsabilité oui, mais ce n'est pas une faute. L'innocence est le privilège de l'enfant, la responsabilité est engagée quand la conscience est activée.
Si nous n'adhérons pas à l'idée du « je suis responsable de ce qui m'arrive », alors il se peut que nous passions à côté des messages que nous délivre notre corps. Pourtant ces messages sont autant d'occasions de prendre conscience de ce qui nous traverse, nous habite ou nous gouverne à notre insu. Donc autant de possibilités de développement personnel. Par extension, être responsable c'est reconnaître que chaque situation que l'on traverse, agréable ou désagréable, est digne d'intérêt dans la mesure où elle nous permet d'apprendre quelque chose sur nous-mêmes. Et

même plus : ce que je vis est le résultat de mes choix. La maladie en fait partie.

Que l'on en ait conscience ou non, notre responsabilité est engagée par le fait même de venir au monde. Certaines traditions orientales nous enseignent que nous avons fait le choix de nous incarner dans cet environnement, dans cette famille, avec ces parents-là, pour venir vivre certaines choses, guérir certains schémas. L'incarnation est une formidable source d'expérimentation pour l'âme. Voilà pourquoi afin de grandir, elle souhaite faire de nombreuses expériences. En naissant dans tel ou tel contexte, fruit d'une famille aimante ou enfant non désiré, voire même résultat d'un viol, nous avons tous consenti à vivre cette expérience. Par là même nous ne pouvons plus nous considérer comme une victime de notre propre vie. Si nous n'avions pas voulu vivre cette vie, nous serions partis en cours de route, via une fausse couche par exemple ou plus tard via un suicide… Et à chaque fois cela aurait encore été une expérience pour l'âme. Il semblerait qu'à l'échelle de l'âme, il n'y ait ni bien, ni mal, juste de l'expérience…

Dans cette formidable danse que nous propose la vie, mon expérience et mon observation personnelle m'ont conduit à prendre conscience d'une Energie à la source de toute vie. Pour préciser mon ressenti, elle est en même temps créatrice, et régulatrice de toute vie sur terre et dans l'univers. Elle est partout, en tout, à l'intérieur et autour de nous. Elle est en nous et pourtant nous transcende aussi. Je ne saurais vous faire part du petit nom que je lui donne, tant à cet endroit le vocable peut renvoyer à des représentations multiples et variées, aussi je la définirai plutôt comme une *Conscience totale*. Ce terme est encore réducteur car il peut soulever une discussion philosophique dans laquelle je n'entrerai pas ici. Je vous propose de mettre derrière ce terme ce qui fait sens dans votre système de croyances, que vous en référiez à *Dieu* (avec tous les noms qu'on peut lui donner), à une *Divinité*, à *la Source*, à la *Vie*, au *Transcendant*, à la *Nature*, à l'*Univers*, à la *Terre*, au *Soleil*, à la *Lune*, à *Quelque Chose* ou je ne sais *Quoi/Qui* d'autre… Sachez juste qu'il m'arrivera d'y faire référence comme ce *Quelque Chose* de plus grand que nous et en nous à la fois. Je le vois partout, en moi, autour de moi, dans l'autre, dans toute création, dans toute créature et encore au-delà. En moi elle représente les plus *Hautes Instances de moi-même*…

Pour finir, je précise que ma démarche souhaite laisser au lecteur son libre arbitre. Nous sommes tous libres d'adhérer à tel ou tel concept, et à ce titre de faire usage de notre discernement et je ne saurais que vous y inviter. Il va sans dire que je vous propose dans ce livre une « carte du territoire », une parmi d'autres, je n'affirme pas qu'elle soit exhaustive, ni qu'elle soit le reflet exact du territoire. Il se peut que certains concepts ne résonnent pas avec vos croyances, aussi je vous invite quand même à piocher ce qui vous parait utile, si le cœur vous en dit.

INTRODUCTION

« Vous ne guérirez pas de vos maladies, ce sont vos maladies qui vous guériront. »
Carl Gustav Jung

Je me souviens de mes tendres années. A partir de l'âge de six, sept ans et après, j'avais alors tendance à faire des otites et autres affections ORL. Je manifestais probablement un ras-le-bol envers les disputes qui survenaient régulièrement chez moi. Adeptes des thérapies alternatives, mes parents me soignaient alors par homéopathie, phytothérapie ou autres précieux remèdes de grand-mère, avant de faire appel aux antibiotiques en dernier recours. Cela m'a laissé des souvenirs difficiles où je me rappelle avoir passé de longues heures à combattre la douleur (parfois des tranches d'éternité dans ma grille de lecture enfantine) avant que le mal ne s'en aille.

Je ne sais si c'est au cours d'une de ces transes, ou lors d'un rêve, mais alors que je devais avoir 7 ans, je fis la connaissance d'un petit bonhomme vert. Il était amusant et ressemblait fort dans sa silhouette à la figurine de la marque Michelin (un possible repère de mes origines auvergnates). Ce petit bonhomme rondouillard et plein d'amour me dit que je n'avais qu'à faire appel à lui quand j'étais malade et qu'il viendrait me guérir. Aussi, les années qui suivirent, je priais le petit bonhomme vert de venir me soigner à chaque fois que je tombais malade, ce qu'il fit systématiquement avec application. Je guérissais bien plus rapidement et surtout n'avais plus à endurer ces traversées du désert douloureuses. Cela dura jusqu'à mon adolescence. A cette période quelque chose se produisit. Je fis appel à lui une nuit mais il ne vint pas. Le lendemain je me trouvais dans un état aggravé par rapport à la veille. Déçue par cette défection, je considérais que de toute façon je n'étais plus en âge de croire à ses balivernes et je décidai alors de ne plus faire appel à lui. J'ignorais à l'époque que j'avais rencontré mon guérisseur intérieur et que nous avions entretenu une belle relation.

En revenant sur cet épisode de ma vie, je compris plus tard que le petit bonhomme représentait une partie de moi-même. Cette partie de moi venait donc m'auto-guérir à chaque fois que je la convoquais. Je ne me rappelle plus dans quel contexte elle m'a fait défaut cette fameuse fois à l'adolescence. M'étais-je trop identifiée à ma maladie ? Avais-je perdu confiance en moi ? Etais-je désormais en âge de comprendre le message que m'adressait ma maladie ? Etait-ce une maladie initiatique ? Je ne sais plus. Je pense que j'ai remis en question son existence tout simplement. Toujours est-il qu'à partir de ce jour-là je ne revis plus mon petit bonhomme. Je ne perdis pas pour autant mon intérêt pour la guérison, les maladies et autres mal-êtres.
Jeune adulte, je testais mon corps de différentes manières, avec une alimentation aléatoire et la prise de certaines substances néfastes. Puis la trentaine pointa son nez avec son lot de petits tracas de santé. Moi qui me vantais de pouvoir tout digérer, qui affirmais ne jamais être malade excepté un petit rhume annuel, je commençai à souffrir de différents maux. Je me retrouvai alors en rébellion contre ce qui m'arrivait, contre ce corps qui me faisait défaut. Ma colère ne me conduisant qu'à des impasses, voire produisant parfois une aggravation de mes maladies, je pris le parti de trouver le moyen de me soigner toute seule.

Mon environnement familial m'avait sensibilisée assez tôt aux causes psychosomatiques de certaines maladies. Toutefois, plutôt que d'étudier l'origine psychologique de mes affections, je commençai mon exploration par la recherche de remèdes alternatifs et si possible efficaces. J'avais une fâcheuse tendance à souffrir d'effets secondaires lors de la prise de médicaments allopathiques. Telle une laborantine rigoureuse, j'observais dans les moindres détails ma réaction à telle huile essentielle, tisane, plante ou autre régime alimentaire. Je devins végétarienne et trouvais dans cette alimentation un confort digestif et un effet dynamisant sur tout mon corps très satisfaisant. J'obtins aussi de beaux résultats avec des remèdes naturels et retrouvais foi en mes capacités d'auto-guérison. Toutefois je connus aussi des échecs retentissants, comme la fois où une tisane aux queues de cerises ne parvint pas à me guérir d'une infection urinaire qui se transforma en pyélonéphrite aggravée. Je restais clouée au lit pendant 3 semaines avec la peur de perdre un rein de surcroît. Au fil de ces années, j'ai analysé, noté et compilé un véritable savoir empirique sur la guérison via les médecines douces et certaines techniques de bien-être. Je portais assistance à mes proches, donnais des conseils informels, mais toutefois intérieurement je restais frustrée. Frustrée d'une part, de voir que non seulement je n'arrivais parfois pas à guérir certaines affections sans l'aide d'antibiotiques, voire d'interventions chirurgicales. Et frustrée d'autre part, de ne pouvoir enrayer l'apparition de ces maladies qui pour certaines étaient devenues chroniques.

J'ai suivi des études d'anthropologie qui m'ont permis de découvrir de multiples cultures, notamment à travers leurs représentations de la maladie et leurs systèmes de soins. J'ai pris conscience à cette époque, que chez la majeure partie des peuples de ce monde, le corps, pas plus que la matière, n'est dissocié de l'esprit. Et que chez eux, les différents praticiens de santé - qu'ils soient médecins, chamans, guérisseurs, sorciers, hommes-médecine - soignent un « tout » lorsqu'ils soignent un être humain. Une fois ma formation terminée, j'ai continué à alimenter ma réflexion au hasard de mes rencontres ou au travers de quelques bons livres comme ceux, entre autres, de Mircea Eliade, Claude Levi Strauss ou Roger Bastide.

A l'âge de 33 ans, ma santé a commencé à se détériorer. Je déclenchais sinusite sur sinusite et je ne parvenais plus à en guérir. J'absorbais antibiotiques et cortisone pour me soigner, car les maux de tête violents s'accompagnaient de névralgies dentaires douloureuses qu'aucun remède ne calmait. A force d'avoir les sinus constamment enflammés, je développai bientôt un polype dans le sinus droit. Le polype m'obstruait la narine et empêchait la sinusite de guérir, c'était le serpent qui se mordait la queue, je tournais en rond. Obnubilée par le désir de me sortir de ce cycle infernal, je me fis opérer une première fois. Ce polype dénommé polype de Kilian était censé être un polype bénin unique sans risque de réapparition une fois opéré. Je passe sur les conditions déplorables de l'opération au CHRU, où je restais trois jours hospitalisée pour une opération qui se voulait anodine. Toutefois, l'hiver suivant, rebelote. Les sinusites reprenant de plus belle, je consultais un nouvel ORL qui me diagnostiquait à son tour un polype de Kilian. Surprise, je lui expliquai que j'avais déjà été opérée d'une telle affection l'année précédente, et que le diagnostic devait être erroné car on m'avait assuré qu'un tel polype ne pouvait repousser. Le praticien conclut que l'opération avait été mal faite, que la racine n'avait pas été enlevée et que le polype avait donc refait surface. Il me proposa une opération en ambulatoire, bien plus confortable. Pleine d'espoir, j'acceptais l'intervention. Au réveil, je rentrai chez moi après avoir vu le chirurgien qui me dit qu'il avait tout « nettoyé » et que je serais au top de ma forme quelques semaines plus tard. Ce fut le cas, du moins pendant un certain temps. Les sinusites reprirent et un nouveau polype de Kilian ne tarda pas à se manifester…

Dans le laps de temps que durèrent tous ces tracas de santé, je n'eus d'autre choix que de me repencher sur les facteurs psychologiques des maladies. Je relus différents ouvrages que j'avais feuilletés plus jeune, parmi lesquels *La clef vers l'auto libération. Origine psychologique de 1000 maladies*, de Christiane Beerlandt et *Dis-moi où tu as mal je te dirai pourquoi* de Michel Odoul.
J'étais en travail personnel depuis une dizaine d'années, plus ou moins assidument. Je me côtoyais intérieurement donc depuis un moment, j'étudiais mon corps depuis encore plus longtemps, mais j'avais rarement fait le rapprochement entre mon corps et mon esprit, comme si les deux existaient de façon autonome, chacun de son côté. C'est ainsi qu'au bout d'un an et demi, j'admis enfin que mes sinusites chroniques n'étaient rien d'autre que l'expression d'une situation professionnelle que je ne supportais plus. J'avais littéralement quelque chose, voire quelqu'un dans le nez ! Ayant pris conscience de cela, décidée à me prendre en main pour que cela change, je parvins à guérir de ma sinusite chronique. Je n'en revenais pas. Sans médicament, sans intervention chirurgicale, le polype s'est rétracté et a disparu. Il était désormais clair pour moi que ma psyché était à l'origine de cette maladie. Il était clair également que j'avais pu guérir en me concentrant sur mon « conflit psychique » ou plus exactement sur mes schémas mentaux et émotionnels que révélait mon mal-être professionnel.

Excitée au plus haut point par cette découverte, je me mis à passer en revue toutes les affections dont j'avais souffert. Je pus établir des liens entre mes émotions, mais aussi les pensées, et les croyances qui y étaient liées et tous les maux dont j'avais souffert. Ainsi je réalisai que la pyélonéphrite que j'avais eue quelques années auparavant me parlait d'abord d'un problème de territoire (infection urinaire). Je n'arrivais pas à m'imposer face à mon employeur de l'époque, je faisais beaucoup de kilomètres j'avais un petit

contrat, j'étais mal payée et ma vie personnelle en pâtissait. Je n'avais pas repéré ce déséquilibre et l'infection urinaire évoquait la colère que j'avais contre moi de ne pas oser m'affirmer, ni exprimer mes besoins. L'infection était montée jusqu'aux reins car derrière ma peur de parler, il y avait la peur de perdre un emploi précaire que j'avais mis presque deux ans à trouver, mais aussi la peur que ma fille se sente délaissée si je passais trop de temps au travail. Coincée de part et d'autre dans mes représentations et mes projections, mon infection rénale était venue me parler de mes peurs. Mes deux reins parlaient d'un conflit psychologique entre le domaine familial et le domaine professionnel.
Encouragée par cette nouvelle compréhension des choses, je disséquai le moindre petit rhume, chez moi, puis chez mes proches, puis dans mon entourage professionnel. J'ai ainsi amassé des tas d'informations sur les maux les plus anodins jusqu'aux maladies les plus graves. C'est à cette époque que je découvris que d'autres auteurs avaient mis en évidence le lien entre le corps et l'esprit dans l'apparition des maladies. Les recherches précieuses de Jacques Martel, Louise Bourbeau et Deepak Chopra - pour n'en citer que quelques uns - vinrent conforter mes observations personnelles.

A la même période, je découvrais mon « don » et devins énergéticienne[3] en parallèle de mon emploi, et je notais également chez mes proches puis chez mes patients, l'impact de leur psyché sur leur santé. Au début, j'intervenais uniquement en énergétique puis, progressivement, j'ai commencé à donner du sens aux patients qui s'intéressaient à la compréhension de leurs symptômes. Progressivement j'ai quitté mon emploi et me suis installée comme psycho-énergéticienne. Depuis j'assiste mes patients dans leur

---

[3] Un énergéticien est un professionnel des médecines douces et des thérapeutiques alternatives qui se sert des énergies et des fluides de l'organisme pour lui apporter un meilleur fonctionnement, soulager des douleurs et éventuellement le guérir.

guérison, en leur faisant prendre conscience que leur corps est venu leur délivrer un message. Prendre conscience qu'un blocage psychologique est à l'origine d'une maladie, ne suffit parfois pas pour en guérir. J'ai modélisé une technique – celle dont je me suis intuitivement inspirée pour me guérir – afin de la transmettre à ma patientèle. Cette technique se veut autant préventive que curative. Elle se base sur l'observation intérieure de nos émotions, de nos pensées et de nos systèmes de croyances. Elle vise particulièrement à conscientiser nos schémas intérieurs limitant, ceux dont nous n'avons plus besoin, ceux qui après avoir été utiles un temps peuvent nous empoisonner aujourd'hui. Une fois conscients des méandres de notre vie intérieure, notre corps n'a alors plus besoin de manifester de blocages et nous sommes en bonne santé.

La médecine chinoise a fait ce parallèle il y a plus de 3000 ans, l'Ayurveda, il y a 4000 ans, mais en Occident, cela ne fait que quelques années que nous réalisons les limites de la biomédecine. Ecartelée entre mon éducation qui m'avait transmis des certitudes sur le monde physique et des suspicions sur les mondes subtils, et les résultats de mes recherches, j'ai du ajuster ma façon de voir les choses. Dans notre civilisation occidentale, on nous inculque que l'esprit et la matière sont séparés, que l'un peut fonctionner sans l'autre. Dans cet ouvrage, je vous propose de reconsidérer ensemble ce dogme.

Afin de comprendre ce qui se joue dans le monde matériel, nous avons aussi besoin de comprendre ce qui se joue dans le monde subtil de l'énergie, car finalement tout est énergie.

Chapitre 1

Cette énergie qui me constitue

« Tout n'est qu'énergies et vibrations »
Albert Einstein

« Si vous voulez trouver les secrets de l'univers, pensez en terme d'énergie, de fréquence, d'information et de vibration. »
Nicolas Tesla

Je ne pourrais écrire ici un essai de physique, de physique quantique, ou bien encore d'ésotérisme sur l'énergie, le domaine est bien trop vaste et je ne suis pas qualifiée pour le faire. Toutefois, dans la mesure où ma profession m'amène à travailler avec les énergies, voici quelques éléments de compréhension qui pourront être nécessaires au lecteur, sur le fonctionnement de notre corps, de la maladie, et de nos capacités de guérison d'un point de vue énergétique. J'ai puisé dans les sciences occidentales, mais aussi dans certains courants spirituels ainsi que dans mes découvertes, les différentes informations que vous trouverez dans ce chapitre. Malheureusement notre civilisation occidentale oppose encore trop souvent science et spiritualité, savoir scientifique et empirisme ; pourtant cette dichotomie est récente dans l'histoire de l'homme et n'existe pas chez tous les peuples. Anthropologue de formation, je peux témoigner qu'il y a bien plus de peuples sur Terre pour qui il y a une continuité entre le visible et l'invisible, le palpable et le subtil, le corps et l'esprit. A vous, lecteur, de vous faire une idée.

Il y a aussi que le monde de l'énergie est vaste, et peut parfois sembler extrêmement complexe. Nous avons encore de très nombreuses découvertes à faire. Et même si l'homme est curieux de nature et croit avoir compris de multiples choses, je pressens que nous avons à peine effleuré le domaine et qu'il nous faudra grandir dans notre humanité avant d'avoir accès à quelque embryon de savoir. Aussi, à mon sens il est important de garder à l'esprit que catégoriser l'énergie répond à un besoin d'organisation du mental. Cette démarche est certainement réductrice de la réalité, même si elle a l'avantage de nous aider à faire du sens.

1- Energie physique et énergie subtile

On divise souvent le monde de l'énergie en deux, physique et subtile. Pour les tenants de cette conception, ce qui fait la différence entre les deux c'est que l'on puisse démontrer ou non l'existence d'une énergie. Cette séparation apparait désormais désuète pour la physique quantique. L'énergie subtile se mesure de plus en plus avec de nouveaux appareils, sans parler des personnes qui la perçoivent, la ressentent ou encore la voient réellement. Même s'il semble qu'une pomme soit plus réelle qu'une onde radio, il n'en est rien. Il serait plus juste de dire que la pomme possède une structure énergétique plus dense qu'une onde radio. **L'énergie est de l'information qui vibre.** Tout est énergie comme le redécouvrit Einstein. La différence entre les corps les plus solides et les corps les plus éthérés, n'est en fait qu'une question de fréquence[4] vibratoire. Une pomme ne vibre pas à la même vitesse qu'une pierre, pas plus qu'une onde radiophonique, et pourtant elles sont toutes trois réelles. Ainsi la matière la plus solide est de l'énergie car tout en est.
Tout véhicule de l'information, toute onde véhicule un champ énergétique. Il existe deux types de champs énergétiques, les champs naturels et les champs artificiels. Répertorier tous les champs énergétiques n'aurait pas d'intérêt ici, si ce n'est de

---

[4] Nombre de vibrations par unité de temps.

comprendre que toutes ces énergies se rencontrent en permanence, s'interpénètrent et qu'il est illusoire de penser que nous, êtres humains, sommes des circuits fermés sans interaction entre nous, ou avec notre environnement. Chaque champ énergétique possède une force et une amplitude variée. Parmi les *champs énergétiques physiques* (ou mesurables), on compte les ondes de lumière visible (lumière du jour ou électrique), le rayonnement monochromatique (lumière ultraviolette, rayons X, rayons gamma), d'autres rayons du spectre électromagnétique (infrarouges, micro-ondes, radio, téléphonie mobile, etc.), le magnétisme, ou encore les ondes sonores.

Les *champs énergétiques subtils,* quant à eux, révèlent l'existence d'une énergie vitale universelle, dénommé *qi* ou *prana*. Le prana, dont il est question depuis quasi cinq mille ans dans l'antique tradition spirituelle indienne, fait référence à l'énergie comme l'élément constitutif de base et la source de toute vie. Le qi, découvert en Chine, est cette énergie vitale qui circule dans toute matière, animée ou non. En outre, certains champs énergétiques subtils étaient connus et utilisés par de nombreux autres peuples (les Amérindiens, les Tibétains, les Japonais, etc.), et des courants spirituels parmi lesquels la Bhagavad Gita, la Kabbale, les Théosophes, les Rose-Croix, pour n'en citer que quelques-uns. Ces champs énergétiques ne sont pas différents des champs physiques, ils vibrent à des fréquences différentes. La plupart des courants scientifiques officiels ne les croit pas mesurables et on ne reconnait leur existence que par la manifestation de leurs effets. Cependant, on ne peut nier les travaux de Semyon Kirlian qui a réussi à photographier l'aura des corps humains, ceux de Masaru Emoto qui a démontré la sensibilité de l'eau à l'énergie émise par la pensée, la parole, l'image, ou la musique, ou encore ceux des géobiologues Hartmann ou Curry qui ont mis en évidence des réseaux d'ondes telluriques (du même nom) susceptibles de perturber nos vies. Alfred Bovis est l'inventeur d'un biomètre mesurant toutes les radiations et les classant par catégorie. Au XXème siècle, le psychiatre autrichien Wilhelm Reich étudie cette énergie - comparable au prana - pendant près de trente ans et la dénomme *orgone*. Il tente de nombreuses expériences à visée thérapeutique à l'aide d'accumulateurs d'orgone.

On parle de niveau ou de taux vibratoire pour quantifier le niveau énergétique. Ainsi chaque organisme, chaque objet, chaque lieu a un taux vibratoire spécifique. Chaque être humain a un taux vibratoire spécifique, certains vibrent « haut », certains vibrent plus « bas ». Notre planète aussi possède un taux vibratoire qui, selon les géobiologues et certains scientifiques, est en train d'augmenter significativement depuis la fin des années 1990. Cela aurait comme effet subséquent de faire augmenter le taux vibratoire de toutes les créatures vivant sur Terre.

Depuis 2012, les scientifiques du Laboratoire Européen de Physique des Particules du CERN (de Genève) ont démontré qu'il existe une énergie qui occupe le vide spatial et se prolonge en toute chose. Ils l'ont dénommé la « *particule de Dieu* » ou « *Boson de Higgs* ». Certains scientifiques comme Nassim Haramein vont jusqu'à affirmer que cette énergie est à l'origine de toute chose et donc de toute matière sur Terre. Un champ énergétique qui connecte tout. Selon la physique quantique et les différentes théories du « *champ unifié* », tous les êtres vivants sont reliés dans une réalité non locale. On peut y trouver une analogie avec l'hologramme. Les travaux du Dr Bohm[5] ont montré que dans un hologramme, chaque point de la plaque photographique contient les informations de l'image entière. Chaque partie de l'image est encodée dans toutes les parties de la plaque. En regardant l'hologramme à l'œil nu, on ne voit rien d'autre que des sortes de vagues mais quand un type particulier de

---

[5] In, *The wholeness and the implicate order*, 1980.

lumière est dirigé à travers la plaque, on voit apparaître une image et elle sort de la plaque comme une image en trois dimensions. Du fait que chaque région de la plaque contient de l'information sur toute l'image, elle peut donner naissance à l'image entière. Ainsi nous ferions tous partie d'un Tout et contiendrions en même temps ce Tout en chacun de nous.

De surcroît, les manifestations matérielles seraient la conséquence de manifestations subtiles préalables. Les champs subtils vibrant plus rapidement que les champs physiques, les informations y circulent plus rapidement. La densification de l'énergie se traduit par un ralentissement de vibration. Autrement dit la matière serait la manifestation physique d'une supra-conscience ainsi que l'envisage certains scientifiques, parmi lesquels Einstein ou Haramein, mais encore certains philosophes comme Spinoza, Teilhard de Chardin, ou encore de nombreux courants religieux ou spirituels. La matière serait la forme la plus ralentie de la lumière.
En définitive, il semble qu'on ne puisse séparer ce qui est mesurable de ce qui ne l'est pas sans se tromper. Si l'univers est une trame, c'est qu'il n'existe aucune partie séparée du Tout. Nous sommes donc tous, êtres des mondes physiques et subtils, un Tout. En prendre conscience pourrait annoncer la fin de la dichotomie entre *champs énergétiques physiques* et *subtils*. Malgré tout, notre vocabulaire étant encore limité dans ce domaine, j'utiliserai ce vocabulaire dualiste pour une meilleure compréhension.

Les thérapeutes énergéticiens dont je fais partie ne peuvent qu'adhérer à la continuité entre le subtil et le physique. Les soins énergétiques influencent les corps, les canaux et les centres subtils de l'être humain, mais aussi les émotions et le mental, qui stimulent à leur tour la capacité du corps physique à guérir. Les soins donnés à distance sont encore plus évocateurs. C'est avec l'expérience que j'ai pu éprouver la théorie de la relativité d'Einstein sur le continuum espace-temps. Sinon comment expliquer la guérison d'un patient se trouvant parfois à plusieurs milliers de kilomètres de moi ? Il m'est arrivé d'intervenir sur des personnes à l'autre bout de la France, mais aussi en Thaïlande et au Québec, avec de vrais résultats à la clé. Je me rappelle aussi du cas de cette patiente, souffrant d'un torticolis, qui me demanda un soin à distance pour lui débloquer la nuque. Je cumulais alors deux activités professionnelles et je ne pus trouver le temps de lui faire un soin que le soir vers 22h30. Le lendemain je l'appelai pour prendre des nouvelles, et ravie elle me répondit : « depuis hier après-midi, je n'ai plus du tout mal ! ». Etonnée, je l'interrogeais sur l'heure à laquelle elle avait ressenti son mieux être et elle m'a répondu « ce devait être vers 17h45, j'étais en train de ramener les enfants de l'école, j'étais encore dans la voiture quand j'ai senti de la chaleur et mon cou s'est débloqué ». Je n'en revenais pas, j'avais fait le soin près de cinq heures plus tard, même si j'en avais eu l'intention bien plus tôt dans la journée... Il y a aussi l'exemple de ce petit garçon de 3 ans atteint d'eczéma sur plusieurs zones du corps, dont la maman avait pris rendez-vous avec moi dix jours avant. Le jour du rendez-vous, la maman est arrivée en me disant, « je ne comprends pas, mon fils n'a plus rien ! Après que je vous ai appelé son eczéma a commencé à décroître, puis plus rien ». A ce jour elle m'envoie encore régulièrement du monde, persuadée que je suis dotée de supers pouvoirs, ce que j'ai démenti formellement. L'énergie voyage dans l'espace et dans le temps, tout thérapeute énergéticien peut en témoigner. Plusieurs études scientifiques ont été menées sur le sujet, notamment par le Dr Daniel J. Benor[6] sur 61 cas qui ont révélé l'efficacité des soins prodigués à distance. Les travaux du physicien allemand Konstantin Meyl sur les ondes scalaires[7] expliquent la nature

---

[6] In, « Distant healing, Personal Spirituality Workbook », *Subtles Energies* 11, n° 3, 2000, p. 249-264.
[7] Cf. *Scalar Waves*, Konstantin Myel, 2003.

de cette énergie. Dernièrement la médecine conventionnelle commence à s'intéresser aux ondes scalaires découvertes grâce aux travaux du célèbre inventeur Nicolas Tesla. Les ondes scalaires équivaudraient au prana ou au qi dans une certaine mesure.

FOCUS SUR LES ONDES SCALAIRES

Ces ondes proviennent des neutrinos solaires (charges électriques neutres composées d'un positron, un électron et un ou plusieurs photons libérées par le soleil) et bombardent la terre en continu. Le Pr Meyl nous apprend que les neutrinos voyagent sous la forme d'ondes dites scalaires, c'est-à-dire sans vecteur défini, et qu'elles s'orientent dans l'espace lorsqu'une résonance - c'est-à-dire une communication - s'établit entre la source et la cible ; ces ondes sont de forme spirale ou longitudinale et non pas sinusoïde ou transversale comme les ondes électromagnétiques, ce qui explique qu'elles soient très pénétrantes et qu'elles soient reçues par des antennes de même forme. Or l'ADN de chaque cellule d'un végétal, d'un animal ou d'un être humain est de forme spirale ou hélicoïdale. Les chakras eux-mêmes sont des spirales. Chaque parcelle d'un corps vivant est donc un récepteur à ondes électriques spirales dites ondes scalaires. Les ondes scalaires sont les plus abondantes dans l'univers et sur la terre mais difficilement mesurables. Pourtant elles existent, émises par les roches, les plantes, et tout être vivant, elles sont présentes partout sur la surface de la Terre.
La première « machine » à ondes scalaires utilisable en thérapie est l'être humain lui-même. Entre ses deux mains en opposition se crée spontanément un champ d'ondes échangées entre sa droite et sa gauche, dont la charge électrique est différente. Si le thérapeute positionne entre ses mains ouvertes une personne malade qui par définition perd beaucoup d'énergie et donc en a toujours plus besoin, il faut et il suffit que celui-ci se relie à une source, qu'elle soit

cosmique comme le soleil ou bien spirituelle et en étroite résonance avec lui-même, pour que l'énergie (neutrinos, électrons, photons) passe de la source à son patient. Certains physiciens et médecins s'intéressent de près à la fabrication de générateurs de champs d'ondes scalaires pour la médecine de demain.

2- L'être humain

Il est important de comprendre que l'être humain est bâti sur le même modèle que l'univers et que notre planète. L'être humain est influencé par tous types de champs énergétiques, intérieurs et extérieurs, naturels et artificiels. Dans le corps humain, les champs énergétiques empruntent des canaux énergétiques, ils ont été décrits comme les *méridiens* (en médecine chinoise) ou les *nadis* (en médecine ayurvédique). Les corps et canaux énergétiques sont « capables de convertir les fréquences rapides (*qi*, *prana*) en des forces et champs mécaniques plus lents (électricité, magnétisme et son, entre autres). Ils sont des « antennes » qui captent et transmettent de l'information via les champs et la transforment afin que le corps puisse l'utiliser »[8]. Nous sommes en permanence interconnectés et échangeons de l'information avec tout ce qui nous entoure. Cela peut renforcer ou affaiblir nos êtres selon la nature de notre environnement.

En tant qu'être humain, nous sommes constitués d'un corps physique et de plusieurs corps énergétiques, tous interdépendants, dont le nombre varie selon les traditions. La tradition essénienne[9] à laquelle je me suis formée, considère que nous avons quatre corps subtils, dont chacun, tout comme le corps physique, émet un rayonnement - autrement

---

[8] In, *Le corps subtil. La grande encyclopédie de l'anatomie énergétique*, 2013, Cindy Dale.

[9] Il y a de nombreuses traditions qui possèdent la même classification, et bien que d'autres divergent, elles sont souvent complémentaires.

dit un champ d'énergie. On les désigne par les termes de *champ aurique* ou *aura*. Ainsi ils entourent mais imprègnent également le corps physique. La lecture de l'aura révèle ainsi l'état de santé d'un patient, on peut y lire la fluidité ou au contraire le blocage d'énergie.

Ces champs personnels interagissent avec d'autres champs énergétiques extérieurs qui puisent de l'énergie en nous, ou nous en fournissent. Et par ailleurs, nos différents organes physiques, corps énergétiques et canaux subtils génèrent également des champs énergétiques ou rayonnements subtils. L'étude de l'aura par Barbara Brennen[10] a démontré que les corps subtils servaient de matrice de croissance au corps physique. Tout comme la physique quantique l'affirme aussi, elle a remarqué que le champ aurique existait bien avant que les cellules du corps ne se développent - indice que le subtil préexiste au physique. Cela explique comment la majeure partie des maladies prend racine dans d'autres corps et se manifestent en dernier dans le corps physique. **Les symptômes du corps physique sont donc des conséquences de blocages énergétiques survenant dans nos corps subtils.** On comprend mieux pourquoi de multiples traditions recommandent de prendre soin de soi de façon holistique, étant donné que nous sommes reliés à tout. Dans la même idée, j'irais plus loin en préconisant de prendre soin également de notre environnement (la maison dans laquelle on vit, la nourriture que l'on mange, l'air que l'on respire, l'eau que l'on boit, les personnes que l'on côtoie). Si nous faisons du mal au monde animal, végétal voire minéral qui nous entoure, nous nous faisons du mal à nous-mêmes !

3- Corps physique, corps subtils

La tradition esséno-égyptienne qui m'a été transmise rapporte que l'être humain est constitué de cinq corps[11].

---

[10] In, *Le pouvoir bénéfique des mains*, Tchou, 2011
[11] Cf. Voir schéma en annexe 1.

Barbara Brennen a pu observer elle, sept couches auriques correspondant à autant de corps. Certaines traditions en évoquent un nombre encore plus grand. La plupart des énergéticiens travaillent sur ces cinq premiers corps, les suivants représentant les corps en lien direct avec le *Divin*. Je n'évoquerai que les premiers dans la mesure où nous pouvons avoir quasiment tous accès à ces corps et pouvons travailler dessus. Travailler sur les autres corps énergétiques n'est pas donné à tout le monde pour le moment, mais plutôt réservé à certains « initiés ». Avant de s'y intéresser, autant s'appliquer à explorer ceux qui sont les plus proches de notre corps physique, il y a déjà beaucoup à faire. Les différents corps et leur rayonnement (auras) font penser à un système de poupées russes. Il est important de ne pas confondre corps subtils et auras. Les corps subtils se situent à l'intérieur du corps physique (à l'exception du corps éthérique), alors que l'aura - rayonnement dégagé par les corps subtils - est visible à l'extérieur du corps. Rappelons également que le subtil préexiste au palpable. Cela implique que les dysfonctionnements qui vont se loger dans un corps en particulier, vont par réaction en chaine impacter les autres corps, à chaque fois du plus subtil au plus dense.

3-1. Le corps physique

Sans verser dans l'exposé anatomique, on remarque comment le corps physique est réglé comme une merveilleuse mécanique d'horlogerie. Complexes, précis, les différents systèmes, squelettique, nerveux, circulatoire, respiratoire, endocrinien, digestif, excréteur, reproducteur, immunitaire, métabolique, cutané et sensoriels, évoluent les uns avec les autres. Tous nos organes, tissus, jusqu'à la plus petite cellule et particule d'ADN, sont composés de particules d'énergie se déplaçant plutôt lentement, au point que ce corps soit visible et palpable. Les énergies qui composent le corps physique, comme je l'ai écrit plus haut, vibrent moins rapidement que celle des corps subtils.

3-2. Le corps éthérique ou corps énergétique

Il est le plus dense des corps subtils, même si la majorité des gens ne le perçoit pas. Ce corps sert de relais entre le corps physique et les autres corps subtils, c'est pour cela qu'on l'appelle aussi le *corps vital*. Il est en quelque sorte le double exact du corps physique, comme une « seconde peau »[12]. Et il est parcouru par un réseau de canaux énergétiques, appelés *nadis* dans la tradition indienne. Par analogie ces *nadis* en constituent le circuit sanguin et nerveux. Les *nadis* distribuent l'énergie vitale, le *prana*, à travers tout l'organisme. Ils se croisent en plusieurs points bien précis qui forment des points de force. Les points ou centres de force majeurs du corps éthérique constituent les centrales énergétiques que sont les *chakras*. A un certain niveau on peut rapprocher les *nadis* des méridiens de la médecine chinoise. Le corps éthérique est le seul corps subtil qui englobe notre corps physique. Il constitue une enveloppe épaisse de deux à trois centimètres selon les individus. Son rayonnement est souvent appelé l'aura éthérique qui se prolonge de quelques centimètres au-delà du corps et se manifeste par une couleur gris bleutée, parfois argentée.

3-3. Le corps émotionnel ou astral

Le corps émotionnel est intérieur au corps physique, il en épouse lui aussi la forme. D'après la tradition essénienne, « il le premier des corps à faire partie de cette réalité vibratoire « multicouche », qu'on appelle l'âme »[13]. Ce corps est doté d'organes distincts qui sont comme les doubles énergétiques

---

[12] Voir schéma en annexe 1.
[13] *Le grand livre des thérapies esséniennes et égyptiennes*, Daniel Meurois et Marie-Johanne Croteau, 2013, p. 22.

des organes physiques. Le corps émotionnel, comme son nom l'indique, est le siège de nos émotions, de nos sentiments et de certains traits de caractère. L'aura du corps émotionnel se projette de l'intérieur vers l'extérieur du corps physique jusqu'à environ un mètre, voire un mètre cinquante. Elle apparait sous forme de nuages colorés changeants, traduisant nos moindres états d'âme, mais aussi les caractéristiques de notre tempérament.

3-4. Le corps mental

Il se trouve aussi à l'intérieur du corps et plus exactement à l'intérieur du corps astral. Comme son nom l'indique il est le siège de nos pensées, de nos croyances et de nos mémoires. Ce corps possède des zones de sensibilité pouvant affecter à leur tour les corps émotionnel, éthérique et physique. Ces zones peuvent générer des décharges énergétiques en fonction de l'activité intellectuelle des individus. Lorsque certaines pensées sont répétitives et s'installent dans la durée, elles forment ce que l'on appelle des formes-pensées. La forme-pensée est un amas énergétique habité par une pensée ou un amas de pensées spécifique, une présence ou un évènement. Certaines peuvent être positives, certaines peuvent être toxiques. Les plus toxiques peuvent toutefois créer des perturbations dans les corps subtils plus denses, jusqu'à déclencher des maux, voire des maladies dans le corps physique. L'aura mentale s'étire jusqu'à un mètre quatre-vingt, voire deux mètres hors du corps physique. Pour ceux qui peuvent la voir, elle prend une couleur jaune et brillante qui irradie de la tête et des épaules et se propage au corps entier.

3-5. Le corps causal ou spirituel

A l'intérieur du corps mental réside le corps causal. Sa forme n'est plus humanoïde mais plutôt ovoïdale. Le germe de cette enveloppe de lumière se situe dans le cœur, c'est ce que les Esséniens nommaient l'*atome-germe*. « Sur le plan anatomique il serait relié au ventricule gauche du cœur »[14]. Ce corps est celui des causes profondes qui nous amènent à vivre nos expériences dans notre incarnation présente. Il contient nos mémoires lointaines, les informations-sources qui sont à l'origine de notre incarnation, notre bagage karmique et notre bagage transgénérationnel. « Il faut le voir aussi comme la mémoire absolue de toute forme de vie pensante et consciente d'elle-même »[15]. Le corps causal affecte l'existence de l'être humain car il est le siège de nos prédispositions ou de nos faiblesses accumulées au fur et à mesure des nos différentes incarnations. Selon la tradition essénienne l'atome-germe est constitué d'*Akasha*[16], d'énergie divine. L'aura du corps causal s'étend encore au-delà de l'aura mentale, elle a la forme d'un trapèze (petit côté en bas du corps) surmonté d'une sphère ou demi-sphère. Elle peut s'étirer jusqu'à trois mètres au-delà du corps physique, et est de couleur blanche.

Chaque couche aurique est associée à l'un des sept centres énergétiques, ou *chakras,* principaux du corps, bien qu'elles soient en interrelation avec tous. Ainsi dans la tradition égypto-essénienne, le corps physique est régi par le premier chakra, le *chakra racine*. Le corps éthérique est régi par le deuxième chakra, le *chakra sacré*. Le corps émotionnel est régi par le troisième chakra, le *chakra solaire*. Le corps mental est régi par le cinquième chakra, le *chakra laryngé*. Le corps causal est régi par le quatrième chakra, le *chakra du cœur*. Et les autres corps repérés dans d'autres traditions, hindouiste ou bouddhiste par exemple les corps en lien avec le divin

---

[14] In *Le grand livre des thérapies esséniennes et égyptiennes*, Daniel Meurois et Marie-Johanne Croteau, 2013, p. 26.
[15] In *Le grand livre des thérapies esséniennes et égyptiennes*, Daniel Meurois et Marie-Johanne Croteau, 2013, p. 26.
[16] L'Akasha est l'essence même de la Lumière la plus pure, générée par la Source.

seraient en relation avec le sixième chakra - dit *chakra frontal* - et avec le septième chakra - dit *chakra couronne*. Encore une fois les avis divergent selon les traditions ou les expériences personnelles sur l'épaisseur des auras, mais cela n'a que peu d'importance. A mon sens, ce qu'il faut retenir c'est que ces rayonnements existent et qu'ils sont reconnus pas de nombreux peuples, mais que les sensibilités sont différentes et donc les manifestations diversement perçues.

Enfin il semblerait que les différentes couches auriques soient protégées par ce que certains appellent l'œuf énergétique sur lequel je ne m'attarderai pas car cela n'a pas beaucoup d'intérêt ici. On retiendra que ce corps énergétique, comme les autres, pénètre et entoure à la fois notre système énergétique, pour lequel il exerce une fonction de protection.

4- Les centres énergétiques ou *chakras*

Le mot *chakra* en sanskrit signifie « roue de lumière », les Esséniens dénommaient ces centres énergétiques les « roues de feu », ou bien encore « lampes ». Un chakra est un corps énergétique de forme circulaire qui gère l'énergie vitale en vue du bon fonctionnement de l'organisme mais aussi de l'équilibre spirituel d'un individu. Les chakras sont des centres de collecte et de transmission de l'énergie subtile mais aussi de l'énergie physique. Les chakras prennent l'aspect d'un vortex tourbillonnant de forme conique. Là-encore selon les traditions, le nombre de chakras varie, certains parlent de 7, 12 ou 17 chakras principaux. Toutefois, on reconnait généralement l'existence de sept chakras majeurs[17] évoqués ci-dessous – qui suivent le chemin de la colonne vertébrale et de milliers de chakras secondaires dits mineurs, dont 21 essentiels – répartis dans l'ensemble du corps au croisement des *nadis*. Une connaissance sommaire des principaux chakras peut nous permettre de repérer nos déséquilibres

---

[17] Voir la planche des 7 chakras en Annexe 2.

internes et ainsi diagnostiquer des origines possibles aux maux et maladies dont nous souffrons. Les chakras sont reliés chacun à une zone du corps physique, à des organes et à une ou plusieurs glandes endocrines, dont ils optimisent la pleine santé en leur distribuant l'énergie vitale. Un chakra possède une face arrière réceptrice et une face avant émettrice. L'arrière d'un chakra régule les programmes inconscients alors que l'avant supervise les besoins conscients d'un individu.

4-1. Le chakra racine

Ce chakra se situe entre l'anus et les parties génitales, au niveau du périnée. Ce chakra capte l'énergie de la terre - l'élément qui lui est traditionnellement associé - pour la redistribuer à tous les corps. Il est donc le régulateur des énergies nécessaires à la vitalité physique, au sentiment de sécurité et de sureté, à l'instinct de survie. Il est aussi le siège de l'inconscient collectif. Un chakra racine ouvert permet à l'individu de se sentir dynamique physiquement, à l'aise avec la réalité matérielle, en paix avec son incarnation, confiant dans ses capacités et donc dans ses activités quotidiennes. En définitive, l'individu est présent, centré et possède un appétit pour la vie. Si ce centre est bloqué ou fermé, l'individu peut ressentir un manque d'énergie vitale, il peut aussi avoir la sensation qu'il n'a pas de prise sur son environnement matériel et ses besoins de base (emploi, habitation, subsistance précaire, etc.). Il peut se sentir anxieux, en danger, inquiet, déprimé, sous l'emprise de peurs : peur de manquer, peur de la mort, peur d'être rejeté, entre autres.
Les organes associés sont : le système lymphatique, le squelette (coccyx, les os, les dents, les ongles), l'anus, le rectum, le gros intestin, la prostate chez les hommes, la vessie et les reins, et les extrémités du bas (jambes, pieds, chevilles, etc..).

Les glandes endocrines associées sont les glandes surrénales. Dans la tradition essénienne, comme dans la tradition chinoise d'ailleurs, les reins sont considérés comme le siège des peurs.

Les affections typiques d'un chakra racine perturbé varient des maux de dos, de jambes, du système digestif, du système éliminatoire, à la dépression, l'anxiété chronique, l'insomnie, l'anémie.

Le chakra racine est un chakra souvent perturbé dans notre société occidentale qui encense l'intellect et qui a du mal à investir le moment présent. C'est un chakra que je rééquilibre très souvent dans mon cabinet, associé parfois à des soins de désinvestissement de la sphère mentale.

4-2. Le chakra sacré

Ce chakra se situe environ une main au-dessous du nombril à l'avant, et au niveau du sacrum à l'arrière. Il est relié à l'élément eau. Il est le centre de la sexualité consciente, de la conception, et non plus de la sexualité instinctive régie par le chakra racine. Il est également le centre des désirs et de la créativité. Un chakra sacré ouvert permet de vivre sa sexualité harmonieusement, mais aussi d'avoir un rapport équilibré à toute forme d'appétit. Il encourage le développement de la personnalité. Si ce chakra est équilibré, l'individu peut ressentir un sentiment d'intégrité à son égard, voire de pureté. Enfin, l'énergie qui le gouverne permet à l'individu d'exprimer sa créativité. Au contraire un chakra sacré disharmonieux provoquera des difficultés sexuelles telle l'impuissance chez l'homme, ou la frigidité chez la femme, ou au contraire des comportements « déviants » engendrés par une sexualité coupée des émotions. Par ailleurs, cela pourra entrainer une méfiance envers les autres ainsi qu'une léthargie des émotions ou au contraire une hyper-émotivité selon si le chakra est sous-actif ou sur-actif.

Les organes associés sont : le système reproducteur, le bassin, le sacrum, les organes génitaux, les reins, la vessie, tout ce qui est liquide (comme le sang, la lymphe, le suc gastrique, le sperme, etc.).
Les glandes associées au chakra sacré, sont les testicules pour les hommes et les ovaires pour les femmes, parfois aussi les glandes surrénales.
Le chakra sacré gouverne le cycle menstruel féminin. Les affections potentielles sont les troubles rénaux, urinaires, les problèmes circulatoires, une respiration superficielle et irrégulière, une énergie faible, des perturbations du système nerveux central, des migraines et le mauvais fonctionnement des organes sexuels (sexes, liquides, glandes, règles...), ainsi que des faiblesses du système immunitaire.

4-3. Le chakra du plexus solaire

Le chakra solaire se situe environ une main au-dessus du nombril sur la face avant du corps et au niveau du diaphragme sur la face arrière. Il est gouverné par l'élément feu. Il est responsable de la gestion des émotions et de la digestion. C'est un chakra « mental » mais directement liée à la vie émotionnelle. Il réagit aux pensées en rapport avec la peur, l'anxiété et l'inquiétude. Il est aussi le centre de la volonté et du pouvoir. Certains affirment que c'est le centre de la personnalité, de l'ego. Son rôle est de décrypter, purifier, « digérer » et transformer les désirs, les émotions et les instincts des premiers chakras en une énergie qui puisse être utilisée par les chakras supérieurs pour la réalisation consciente de notre vie. Un chakra du plexus bien équilibré, permet d'être à l'écoute de ses émotions, sans s'identifier à elles, d'être spontané, d'avoir une bonne estime de soi, du courage et de prendre ses responsabilités. Nous entrons ainsi sereinement en contact avec les gens que nous rencontrons. Quand il est déséquilibré, nous avons une mauvaise gestion du stress et c'est par ce centre que nous puisons consciemment ou inconsciemment de l'énergie chez les autres. Nous pouvons alors chercher à avoir du pouvoir sur les autres de manière démesurée ou au contraire, nous avons tendance à nous soumettre, à nous effacer, selon si ce chakra est sur- ou sous-actif.

Les organes associés sont : l'estomac, le foie, l'intestin grêle, la rate, la vésicule biliaire, les articulations, les muscles, le système nerveux et immunitaire ainsi qu'une partie de la colonne vertébrale à l'arrière (hors os).

La glande associée au chakra du plexus est le pancréas.

Les maux liés à un chakra du plexus disharmonieux peuvent être des maux liés à l'alimentation (anorexie, boulimie, allergies, etc), l'arthrite, le dysfonctionnement des glandes surrénales, un mauvais fonctionnement du foie, les hépatites, les problèmes intestinaux et du colon, toutes les maladies avec "ite", tous les troubles du système neurovégétatif, la spasmophilie (problème cardiaque dû à l'anxiété), l'ulcère de l'estomac, ou du duodénum, et des affections au niveau de la zone des lombaires (hors os).

4-4. Le chakra du cœur

Ce chakra est le point d'équilibre entre les trois chakras « inférieurs » - le plan physique de notre être – et les trois chakras « supérieurs » - le plan spirituel de notre être. Ce centre se situe au centre de la poitrine au niveau du sternum sur la face avant du corps et au niveau des vertèbres dorsales D5-D6 sur la face arrière. L'élément qui le gouverne est l'air. Il est le centre des sentiments nobles et ne peut générer de sentiments négatifs. Ce chakra exprime l'amour que l'homme éprouve pour la femme ou les parents pour leurs enfants, il manifeste aussi l'amour divin, l'amour cosmique, l'amour de tout être, l'amour de la Création. On ne parle plus ici de l'amour charnel déployé par le chakra sacré, c'est un amour inconditionnel dans le non-jugement, la compassion pour toute forme de vie. Il est forcément le centre de l'amour que l'on porte à soi-même. Un chakra du cœur ouvert nous permet d'aimer les autres, d'aimer la vie, d'avoir de la compassion, de pardonner, d'avoir confiance, d'avoir des capacités d'auto-guérison et de guérison. Un chakra fermé produira les effets inverses, une tendance à être jaloux, égoïste ou égocentrique, amer, triste, coléreux, rancunier, critique et à ne pas s'aimer.

Les organes associés à ce chakra sont : le cœur, les poumons (tissus pulmonaires), le diaphragme, les seins, le système circulatoire sanguin, la cage thoracique, les épaules, les avant-bras, les bras, les côtes, les vertèbres dorsales, et les mains.

La glande associée est le thymus.

Différents maux ou affections peuvent nous atteindre en cas de disharmonie du chakra cardiaque comme différentes maladies de cœur (infarctus, dysfonctionnements valvulaires, angine de poitrine...), le cancer du poumon, du sein, de la peau, la broncho-pneumonie, tous types de problèmes de peau et différentes affections des vertèbres dorsales (hors os).

4-5. Le chakra laryngé

Ce chakra se situe à l'avant du corps, dans le creux au bas de la gorge, et à l'arrière du corps, au niveau des cervicales C4-C5. L'élément qui gouverne ce chakra est l'éther. C'est le centre de la communication, de l'expression de soi et de la créativité. Il est le premier chakra de notre sphère spirituelle, et en cela le centre de la clair-audience, c'est-à-dire de notre capacité à entendre notre guidance intérieure. C'est également le centre de la vie onirique. Si notre chakra laryngé fonctionne bien, nous sommes en capacité de communiquer nos pensées et nos émotions aux autres sans agressivité. Nous pouvons dire notre vérité au monde sans crainte. L'énergie de ce centre nous permet de créer par la parole, l'écriture et le chant notamment. Nous avons accès à notre inconscient via la compréhension de nos rêves ce qui peut nous aider à prendre conscience de nos blocages. Un chakra laryngé fermé, nous amène au contraire à avoir peur de prendre la parole en public, peur d'exprimer ses émotions, ses besoins et au sentiment d'être isolé. A l'extrême, nous aurons tendance à rendre les autres responsables de notre infortune ou de notre mal-être.

Les organes associés à ce chakra sont : la bouche et l'intérieur de la bouche, les bronches, la gorge, les oreilles, la voix, les ganglions, la nuque, les oreilles moyennes, le système respiratoire, la trachée et les vertèbres cervicales et le haut des épaules.

Les glandes associées sont la thyroïde et les parathyroïdes.

Les affections typiques d'un chakra laryngé disharmonieux peuvent être entre autres un accident cardiaque, de l'asthme, des douleurs au cou, à la nuque, aux épaules, une hypertrophie ganglionnaire, une laryngite, une bronchite, des maux de tête, une scoliose cervicale, des affections aux sinus, des troubles de la thyroïde, des troubles du langage (bafouillage, bégaiement, manque d'assurance, nervosité, timidité, tendance aux mensonges, voix cassée…), des problèmes de dents, etc.

4-6.   Le chakra frontal ou chakra du 3ème œil

Ce chakra se situe au niveau du front au dessus et entre les deux sourcils sur le visage, et au niveau de l'occiput sur la face postérieure du crâne. Certains rattachent ce chakra à aucun élément en particulier et certains y voient la lumière qui régit les autres éléments. Ce centre énergétique est celui de l'intuition envoyée aux chakras inférieurs. Il est l'endroit subtil où se réalisent les prises de conscience, c'est-à-dire où les expériences émotionnelles sont vécues comme des occasions de croissance et sont transmutées en leçons de vie et donc en pensées et croyances. C'est là que résident généralement les idées que nous nous faisons de notre avenir. Lié au mental, ce chakra est le lieu où se réunissent les

trois nadis principaux du corps, *Ida, Pingala et Sushumna,* qui rejoignent ensuite le chakra couronne. Quand il fonctionne harmonieusement, ce chakra permet d'avoir un esprit vif, une certaine faculté d'abstraction mentale, une bonne capacité de visualisation, la compréhension intuitive et l'acceptation de nos expériences, le non-jugement, la capacité de discernement, des pensées animées par l'idéalisme et l'imagination. Certaines capacités psychiques peuvent alors voir le jour : la télépathie, la claire-audience, la clairvoyance, etc. A contrario, un chakra frontal fermé va entrainer une certaine rigidité intellectuelle, voire du dogmatisme, le règne du mental sur tous les autres, un ego surdimensionné. En cas de déséquilibre, l'individu peut expérimenter une vision tronquée des situations qu'il traverse, des pensées floues, être hypersensible aux sentiments des autres et par exemple remettre son autorité personnelle entre les mains de quelqu'un d'autre (autorité religieuse, partenaire, parent, ami...) ; il va avoir tendance à se mentir à soi-même.
Les organes associés à ce centre sont : le visage, les yeux, le nez, les sinus, les oreilles, le cervelet centre régulateur du mouvement.
La glande associée au chakra du 3ème œil est la glande pituitaire ou hypophyse.
Les affections physiques qui peuvent traduire directement un trouble au niveau de ce chakra sont des maux de têtes, des affections oculaires et du système nerveux, des problèmes de mémoire et de concentration, des déséquilibres hormonaux.

4-7. Le chakra couronne

Ce centre énergétique se situe au sommet de la tête, certains le situent juste au-dessus, mais de mon ressenti il est au sommet de la tête, au niveau de la fontanelle. L'élément qui caractérise ce chakra est la lumière la plus pure, la lumière blanche d'après certains. Ce chakra représente la zone de conscience de l'unité ou de la séparation avec le Divin, c'est le siège de la conscience pure, le centre de la foi et de la spiritualité aussi. Quand il est totalement ouvert, on a accès à l'inconscient et au subconscient. Les mystiques indiens disent qu'il est le centre de l'illumination lorsque l'on arrive à activer et équilibrer tous les autres chakras et que la force de vie (*Kundalini*) peut librement circuler du chakra racine au chakra couronne. Ce chakra s'ouvre progressivement au cours de la vie, très tôt chez certains et malheureusement jamais chez d'autres. C'est le centre énergétique par lequel nous pouvons ressentir de l'empathie pour l'autre, c'est-à-dire la capacité de ressentir les émotions de l'autre, d'arriver à comprendre ce qu'il vit sans toutefois se confondre avec lui. On acquiert également la compréhension intérieure des vérités et des lois universelles. Quand ce chakra est moins développé, on ne se sent pas en lien avec une force transcendante. On peut alors souffrir d'indécision, de dépression sévère et de fuite de la réalité.

Les organes associés à ce centre sont : le sommet de la tête, le cerveau et tout le système nerveux.

La glande associée à ce chakra est la glande pinéale ou épiphyse.

Les affections physiques qui peuvent découler directement d'un déséquilibre de ce chakra sont : des maux de tête, des maladies chroniques, une déficience immunitaire, des troubles du système endocrinien, des paralysies ou des maladies cérébrales.

Il faut encore préciser que chaque chakra véhicule des informations qui sont d'ordre émotionnel, mental, physique et spirituel, même si la tradition relie chaque chakra à un corps énergétique en particulier. Encore une fois, tous les systèmes s'échangent de l'information. Aussi, lorsqu'une maladie se déclenche, c'est rarement un seul chakra ou un seul corps qui est concerné mais bien une interaction complexe entre plusieurs d'entre eux que le thérapeute énergéticien parviendra à déceler lors de son travail.

5 – Les polarités énergétiques

Certains auteurs, parmi lesquels Michel Odoul[18], Jacques Martel[19], et avant eux le Dr Mesmer[20] en magnétisme, ont mis en lumière la polarité de nos corps, mais cette polarité a également été identifiée bien plus tôt par la médecine chinoise, ayurvédique et égyptienne entre autres. Notre corps serait divisé en deux pôles, de part et d'autre de la colonne vertébrale. Ici, tous ne sont pas d'accord sur la nature des polarités. La version la plus commune, et qui correspond à mon expérience, considère que le côté gauche du corps représente la polarité féminine, négative (au sens électrique), disons yin ; et le côté droit représente la polarité masculine, positive, disons yang. Chacune des moitiés du corps est régie par l'hémisphère cérébral opposé. Aussi le cerveau droit, en lien avec les capacités d'intuition, l'émotionnel, et la créativité gère la partie gauche du corps. Et le côté droit du corps est régi par le cerveau gauche, analytique, rationnel et organisationnel. C'est du moins cette polarité qui est en vigueur chez les droitiers, chez les gauchers j'ai pu noter qu'elle était parfois inversée.

Ainsi la partie droite du corps révèle l'énergie masculine, une énergie plutôt physique, active, dominante et linéaire et reflète l'aspect masculin intérieur d'une personne, ainsi que sa relation avec les hommes (de son entourage ou en général), le patriarcat, l'entreprise/la sphère professionnelle et la vie sociale. La partie gauche du corps représente l'énergie féminine, spirituelle, méditative, passive, intuitive et créative, et exprime l'aspect féminin intérieur, sa relation avec les femmes et le matriarcat, la vie affective/intime.

Si l'on parle de polarité, il faut aborder l'énergie négative et l'énergie positive cette fois au sens d'ombre et de lumière, un

---

[18] In *Dis-moi où tu as mal, je te dirai pourquoi*, Paris, 2002.
[19] In *Grand dictionnaire des malaises et des maladies*, Aubagne, 2007.
[20] In *Précis historique des faits relatifs au magnétisme animal. 1781*, L'Harmattan, 2005.

peu comme le négatif et la photo. Chacun de nous, à l'image de l'Univers et de toute vie sur terre, contient une part d'ombre et une part de lumière, c'est ce que certains maîtres spirituels nomment la dualité. Pour moi, l'un des challenges de l'incarnation est d'atteindre un état d'équilibre et d'unité entre toutes les polarités de notre être. Ceci comprend d'expérimenter tantôt l'une, tantôt l'autre afin de toutes les reconnaître, les accepter et les intégrer pour ne former plus qu'une réalité.

En définitive, la maladie est pour l'énergéticien, l'indication qu'il y a un dérèglement au niveau des différents champs énergétiques qui constituent l'être humain. Il faut bien comprendre que toutes les maladies sont énergétiques. Quand bien même nous « attrapons » une gastroentérite ou une grippe parce que notre région est en pleine pandémie, ou un rhume parce qu'arrive l'hiver, ou un cancer parce qu'une ligne à haute tension jouxte notre maison, ou avons une maladie génétique, toutes les affections viennent d'abord d'une perturbation de notre corps énergétique. Elles peuvent être aggravées par notre environnement, l'hérédité, les saisons, ou d'autres facteurs. Tout comme nos émotions, nos pensées et nos croyances, les virus, les molécules, les agents pathogènes, les médicaments sont aussi énergie. L'Occident le redécouvre petit à petit, mais certains orientaux ou peuples premiers n'ont jamais perdu ce savoir.

CE QUE L'ON PEUT RETENIR

Voici une proposition des points qui me paraissent important à retenir dans ce chapitre :

- Tout est énergie, de la matière la plus dense à la particule la plus subtile, nous sommes tous constitués d'une multitude de champs énergétiques.

- Le subtil préexiste au dense, ou l'Esprit préexiste à la Matière.

- L'énergie voyage dans l'espace et dans le temps.

- Par conséquent, nous sommes tous en lien, avec les autres mais aussi avec les différents règnes qui nous entourent : animal, végétal et minéral (dont les êtres sont eux aussi constitués d'une multitude de champs énergétiques).

- Prendre soin de nous, cela signifie aussi prendre soin de l'environnement dans lequel on vit.

- Le corps humain est composé de plusieurs corps, un corps physique et plusieurs corps subtils qui traduisent notre activité énergétique, émotionnelle, mentale et spirituelle. Ces corps sont interdépendants les uns des autres.

- Il est composé également de différents canaux – les nadis, et centres énergétiques – les chakras. Ces champs et centres énergétiques sont également tous interdépendants.

- Le corps humain est divisé symétriquement de part et d'autre de la colonne vertébrale, la polarité féminine occupant la partie gauche du corps, la polarité masculine, la partie droite du corps (c'est souvent l'inverse pour les gauchers).

- Les maux, malaises et autres maladies sont la combinaison complexe de différents dérèglements des champs dans les centres et les corps énergétiques.

Chapitre 2

Ce corps qui me parle

"Fais du bien à ton corps pour que ton âme ait envie d'y rester."
Proverbe indien

« J'en ai plein le dos ! », « cela m'est resté sur l'estomac », « il a gardé son sang froid », « j'ai ri à m'en dilater la rate ! », « elle a les nerfs à fleur de peau », les expressions populaires ne manquent pas pour illustrer combien notre vie émotionnelle se reflète dans notre corps. Dans la culture occidentale, les relations de cause à effet entre les différents corps subtils (émotionnel et mental notamment) - et le corps physique, remontent à Hippocrate. Au Vème siècle avant notre ère, Hippocrate de Cos soutient que l'individu est un tout et que la maladie révèle un déséquilibre entre le corps et l'âme, le corps et la vie psychique[21], ou entre le corps et son environnement, voire encore son alimentation. Ainsi il plaide pour une médecine qui vise à rétablir l'équilibre global de l'individu, plutôt qu'à lui administrer des médicaments. D'ailleurs il définit le rôle du médecin comme celui d'un accompagnateur ou d'un facilitateur de l'auto-guérison du malade et de la guérison par la Nature. En son temps, il se confronte à une autre école, l'école de Cnide (en Ionie) pour qui, à l'inverse, il était primordial de décrire, répertorier et classifier les symptômes et les maladies.
Les écoles de médecine européennes se sont succédées mais ce combat d'idées caractérise la médecine jusqu'à

---

[21] Les habitudes de vie, l'histoire personnelle.

aujourd'hui. Finalement, l'approche analytique, dont le point d'orgue est le diagnostic, semble l'avoir emporté sur la vision holistique d'Hippocrate. Même si il faut reconnaitre que l'on en revient peu à peu ces dernières années. On replace progressivement le patient au centre de son protocole de soin - ouf on avait failli l'oublier... Cette conception de la médecine a largement affecté la perception que nous avons de notre corps. Ce dernier serait une entité autonome, indépendante, dont il faut soigner l'apparence - ce qui est donné de montrer à l'autre. Une mécanique bien huilée à qui il arrive d'avoir des défaillances au niveau de certaines pièces, qu'il faut amener au garage pour entretenir, réparer, ou changer des pièces.
Héritiers de cette tradition, il n'est donc pas dans nos habitudes de prêter attention à notre langage corporel, pas plus qu'il n'est d'usage de prévenir les maladies. A contrario, en Chine, tout comme Hippocrate en son temps, les médecins cherchent à maintenir l'état de santé en harmonie plutôt qu'à guérir des malades. Aussi un bon praticien est un praticien qui a peu de patients! En Suisse, le système de santé fonctionne un peu sur le même principe, il se veut préventif. Il y existe des visites médicales annuelles où un diagnostic général de l'état de santé du corps est établi. Les médecins cherchent alors à rétablir les déséquilibres avec des compléments alimentaires, des traitements modificateurs de terrain, et de l'activité physique, plutôt qu'à attendre que l'organisme soit complètement déréglé et tombe malade. En France, c'est l'opposé, on voue un culte au médicament. Le curatif prime sur le préventif. Résultat : un bon praticien est un praticien qui a beaucoup de malades... On ne marcherait pas un peu sur la tête ?

Comme nous l'avons vu dans le chapitre précédent, notre corps fait pourtant partie d'un Tout. Il est une manifestation matérielle, fonctionnant avec une âme, un esprit, des pensées, des émotions, un environnement, une alimentation, une histoire, une lignée, etc. L'individu est en soi un système interdépendant. Quand notre corps parle, il nous révèle des informations sur toutes les sphères de notre vie.

La question que certains se posent alors est celle de la systématisation. Chaque maladie est-elle psychosomatique ? En d'autres mots, toute affection est-elle due à une origine psychologique ? Ma réponse est la suivante : une maladie apparaît en vertu d'une combinaison de facteurs multiples, internes et externes à la personne, mais **son origine est systématiquement imputable à son psychisme** – le triptyque croyances, pensées, émotions conscientes et inconscientes. Du plus petit rhume au plus sévère des cancers. Lors d'une épidémie de gastroentérite, tous les habitants du secteur concerné ne sont pas touchés par la maladie, par contre il est certain que ceux qui l'ont déclaré avaient tous quelque chose qu'ils ne parvenaient pas à digérer. Tous les fumeurs ne développent pas un cancer des poumons, par contre tous ceux qui en sont atteints portent en eux une indicible tristesse. Les personnes qui habitent sous des lignes à haute tension ne développent pas toutes une leucémie, toutefois il est à parier que celles qui en sont atteintes ont perdu leur appétit pour la vie. Les exemples sont infinis.

1- Notre corps au quotidien

Il faut reconnaitre que nous sommes inégaux dans l'attention que nous portons à notre corps. Certains n'en ont simplement pas conscience, un peu comme les jeunes enfants. Là où certains ne regardent que son apparence, d'autres portent leur attention sur son aspect opérationnel : « je suis en forme, ou pas ». Ceux qui pratiquent un sport comme le yoga, le tai chi ou le qi gong[22] sont en général plus

---

[22] Je ne cite que les plus connus mais il y a de nombreux sports qui permettent cette prise de conscience comme la Biodanza, la marche consciente, toutes les pratiques dérivées du yoga comme le chi ball, le pilates, certains arts martiaux comme l'aïkido, etc.

sensibilisés à ses fonctionnements et à ses messages. Puis il y a ceux qui l'écoutent, qui l'observent plus régulièrement, attentifs à la moindre de ses raideurs, ses douleurs, ses inconforts et ses maux, ou au contraire à sa détente, sa souplesse, son bien-être, etc.
Le corps envoie des signaux ou pas selon plusieurs paramètres individuels complexes. Mais après analyse du fonctionnement de centaines d'individus, j'ai pu observer que chacun est régi par un **sentiment de cohérence personnel** entre ses croyances/valeurs, ses pensées, ses émotions et son corps. Si cette cohérence est déséquilibrée, la maladie peut survenir. Ce **principe de cohérence** est propre à chaque personne. Quand ce principe de cohérence est perturbé, on dit qu'il y a un conflit interne. Voilà une des raisons pour laquelle nous sommes inégaux face à la santé ou à la maladie. L'état de santé du corps physique sous-entend que nos différentes parties soient en harmonie les unes avec les autres. Pour reprendre le champ lexical de l'énergie, l'état de santé du corps physique sous-entend que tous nos corps subtils soient équilibrés et en harmonie.

1-1. Prendre conscience de son corps

La première démarche à adopter lorsque l'on veut se guérir est de modifier son regard sur son corps. Je le répète, il n'est pas seulement un outil, mais bien une entité à part entière, une partie de nous qui vient matérialiser la somme de nos croyances, de nos pensées, de nos sentiments et émotions. Autrement dit le corps est plus qu'un véhicule pour l'âme, c'est aussi un messager, un messager de notre Moi profond. En tant que tel nous nous devons de le respecter et plus, de l'aimer. Modifier son regard signifie prendre conscience de son existence en tout premier lieu. Pour ce faire, je conseille de prendre l'habitude d'observer les sensations internes que l'on ressent régulièrement. Cela peut se faire par des exercices de relaxation, de méditation ou

autres pratiques de pleine conscience ou par certaines pratiques corporelles évoquées plus haut.
Voici l'exemple d'un exercice très simple que l'on appelle le « *body scan* » inspiré de plusieurs traditions.

L'objectif est de scanner son corps des pieds à la tête en adoptant une posture confortable, assise ou allongée. Enchainons plusieurs grandes respirations abdominales, focalisons-nous sur l'air qui entre par notre nez jusque dans l'abdomen et qui a pour effet de gonfler cette partie de notre corps à l'inspir[23]. Idem pour l'air qui sort de nous à l'expir. Après une dizaine de cycles respiratoires, nous nous sentons apaisés, notre mental se calme et nous pouvons porter notre attention sur notre corps. Commençons par les pieds, que ressentons-nous à cet endroit, quelle partie est en contact avec le sol, quelles sont les sensations qui s'en dégagent ? Avons-nous une impression de lourdeur, ou au contraire de légèreté, ressentons-nous des fourmillements ou une certaine neutralité dans cette zone ? [Il n'y a pas de bonne ou de mauvaise sensation, pas de bonne ou de mauvaise façon de faire l'exercice.] *Puis continuons de la sorte à remonter le long de notre corps en examinant zone après zone, partie après partie ; les mollets/tibias, les jambes, le bassin, le ventre, le dos, la poitrine, la gorge, les cervicales, la tête, le visage, etc. Arrêtons-nous sur chacune de ces parties et écoutons ce qu'elle a à nous dire. N'oublions pas de bien continuer à respirer. En cas de douleur dans une partie spécifique de notre corps, n'hésitons pas à lui poser la question du pourquoi de cette douleur et respirons plus intensément dans cette zone. Par exemple, si nous ressentons une douleur dans le milieu du dos, venons inspirer l'air par nos vertèbres dorsales à plusieurs reprises. La respiration consciente va avoir pour effet de soulager la zone douloureuse. Ne nous raidissons pas face à la douleur, cela la renforce. Par contre en acceptant*

---

[23] L'inspir et l'expir doivent se faire par le nez si possible.

qu'elle soit présente, en s'ouvrant à ce que notre corps vient nous raconter à cet endroit, la douleur va doucement s'apaiser. La réponse quant à la raison de notre douleur peut nous parvenir instantanément ou plus tard, restons simplement ouvert à la possibilité de la recevoir.

Le *body scan* est un exercice facile à mettre en œuvre qui peut durer le temps que nous souhaitons, il représente une agréable façon de prendre conscience, d'écouter et de converser avec son corps.

    1-2. Dialoguer avec son corps

En dehors de cet exercice, ou de toute autre pratique de prise de conscience du corps, je conseille de prendre l'habitude de se mettre à son écoute le plus régulièrement possible. Notre civilisation occidentale nous incite trop souvent à vivre dans notre tête, à écouter nos pensées ou notre raison. Cela a parfois pour effet de nous amener à vivre hors de notre corps et de passer à côté de certains de nos besoins. Une écoute attentive au réveil, au coucher, après un repas, lors d'un effort, ou au contraire lors d'un moment de détente, peut nous permettre de développer un dialogue avec lui. Ecouter ou observer son corps, c'est accueillir ses ressentis sans les juger. Cette étape est primordiale et ce n'est malheureusement pas la plus simple. Elle va nous demander de nous regarder objectivement comme si nous étions à l'extérieur de nous-mêmes et de noter ce qu'il s'y passe sans porter de jugement dessus. Cette démarche est capitale car il sera bon de la reproduire à plusieurs endroits : il faudra aussi s'écouter penser et s'observer ressentir. L'objectif étant de comprendre avec le temps comment fonctionne notre principe de cohérence global.

S'écouter sans se juger, facile à dire, moins facile à faire. Disons que c'est un objectif auquel il faut tendre ; sachant que notre tendance naturelle nous porterait à vouloir trouver une explication à tout, sans parler de celle qui nous porterait à nous culpabiliser. J'en entends déjà au réveil : « hou je me sens tout bizarre, tout chose. Qu'est-ce qui se passe ? C'est peut-être ce que j'ai mangé hier soir, la pleine lune, mes rêves, etc. ». Et voilà, on ne peut pas rester une minute focalisé sur notre ressenti que nous voilà déjà en train d'essayer d'y faire du sens. Ou encore : « Ouf je me sens lourde, j'ai trop mangé. Je n'aurais pas du reprendre une deuxième part de gâteau, je vais le payer... Puis je vais grossir... Alors comment je vais faire à la plage cet été ? », la culpabilité nous ôte souvent notre capacité à ressentir. Notre tendance à mentaliser rapidement déséquilibre souvent notre écoute. Le mental est important, c'est l'un de nos corps subtils et il faut s'en occuper, mais là encore pas aux dépens du corps physique.

Pour dialoguer avec son corps il faut écouter les messages qu'il nous envoie au travers de nos sensations et c'est tout, du moins dans un premier temps. J'utilise souvent l'image du chercheur scientifique. Soyons des chercheurs avec nous-mêmes. L'objet de notre recherche aujourd'hui ? Notre corps. Méthode : compiler de multiples observations de terrain avant de chercher à les analyser. Quand je mange cela, mon corps réagit comme ceci. Quand je mange telle quantité, cela a tel effet. J'ai une douleur à tel endroit, elle est survenue à telle heure, dans telle situation. Je préfère la sensation du chaud ou du froid dans telle situation. Un chercheur n'a pas à juger son objet de recherche. Il compile des tas d'information, puis les classe, puis plus tard les interprète.

Le fait de prendre conscience de nos sensations permet de comprendre progressivement notre corps. Le fait de prendre conscience de nos croyances, de nos pensées et de nos émotions permet progressivement de comprendre le fonctionnement de nos différents corps. Le tout permet de comprendre notre principe de cohérence, et de maintenir l'harmonie dans la totalité de notre être.

2- Expérience personnelle

Très tôt, je n'ai eu d'autre choix que d'être à l'écoute de mon corps. Véritable petit gendarme, celui-ci m'a rapidement informé de mes perturbations psychiques via différents signaux physiques. Imaginez-le : « hop hop hop, on a un problème sur la cinquième dorsale, à mi chemin entre les lombaires et les cervicales ! ». Pourtant, comme beaucoup d'entre nous, je ne lui ai pas prêté l'oreille avant que les symptômes ne deviennent plus sérieux. Souvent nous n'entendons pas les premières alertes, nous attendons la maladie pour finir par éventuellement se questionner.
Ainsi, hormis les maladies ORL que j'ai développées étant enfant, mon dos et mes dents ont bien tenté de me faire comprendre quelques petites choses lors de mon adolescence. Une bascule du bassin essayait sans doute de me faire comprendre que je n'avais pas confiance en moi, que je n'avais pas confiance dans ma base, mon bassin. De multiples caries ont vraisemblablement tenté de me parler des carences affectives de ma petite enfance. A ces maux, on pourrait invoquer de mauvais comportements alimentaires, oui mais voilà dans mon cas, ça ne l'était pas, je ne mangeais quasiment jamais de sucre raffiné, ni de produits dérivés, je mangeais de la nourriture en grande partie issue de l'agriculture biologique et j'avais une hygiène dentaire régulière. D'autres diraient, « c'est génétique ». Alors il est vrai que je ne suis pas remontée jusqu'à la cinquième génération de mon arbre généalogique, mais dans mes ascendants directs, pas d'explication probante qui explique cette caractéristique présente chez moi.
Comme je l'ai dit plus haut, je ne prétends pas que la génétique, l'alimentation, voire l'hygiène de vie n'aient pas d'impact sur la santé, loin de là. Mais d'après mon

expérience, ils ne sont que des facteurs aggravants ou fragilisants. Chacun de nous vient au monde avec en général une ou plusieurs « faiblesses », parfois héritées de nos ascendants, parfois d'incarnations précédentes, parfois les deux. Ce terrain apparait sous forme d'informations logées dans nos corps subtils (causal, mental, émotionnel), tout comme dans notre corps physique. Et selon notre vécu et nos choix de vie, nous pouvons être amenés à développer des maux ou des maladies à cet endroit. Chez certains, ce sont les bronches ou les poumons, d'autres le système sanguin, ou bien encore les articulations qui présentent des fragilités. C'est typiquement dans ces endroits du corps physique que viennent se développer des maux pouvant provenir par exemple d'une carence affective, d'anxiété ou d'une quelconque émotion désagréable récurrente. Ainsi, deux personnes souffrant toutes les deux de la même blessure émotionnelle peuvent la manifester de façon différente dans leur corps en fonction de leurs « fragilités ». Heureusement, nous naissons tous également avec des prédispositions, et si nous connaissons des difficultés, nous en avons aussi les solutions. Pour préciser ma vision des choses, je considère en fait que les termes « faiblesse » ou « fragilité » illustrent mal la réalité, ils restent des termes dualistes. De ma compréhension, nous naissons en fait avec des acquis et des aptitudes à acquérir, autant dire des pistes de travail, et ce, dans tous les domaines.

Jacques Martel, Lise Bourbeau, Michel Odoul, entre autres, ont fait un travail remarquable d'observation des concordances entre maux physiques et maux psychiques. Leurs recherches sont venues nourrir et compléter mes observations et je dois dire que *Le grand dictionnaire des malaises et des maladies* de Jacques Martel est un ouvrage vraiment complet sur lequel je m'appuie parfois lorsque mes patients ne parviennent pas à faire le lien entre ce qui les affecte psychiquement et la maladie qu'ils développent.

3- Expérience en patientèle

Je reçois des patients pour des maux variés, du mal-être aux affections de peau, à des pathologies plus graves comme des cancers ou bien encore des maladies chroniques. En tant que psycho-énergéticienne, je travaille autant sur le psychisme (les croyances, les pensées, les émotions conscientes et inconscientes) que sur le physique. Je commence la séance par un accompagnement verbal – haute énergie que le Verbe ! Je poursuis avec un soin sur le corps au cours duquel j'impose les mains et je peux être amenée à masser certains points énergétiques et procéder à de la chirurgie éthérique[24].
Je souhaite vous rapporter ici plusieurs cas de patients dont j'ai changé les noms par souci de respect du secret professionnel. J'ai choisi ces cas en raison de la représentativité de l'affection dont ils étaient atteints.

Pierre

Pierre, 61 ans, a pris rendez-vous en raison d'une douleur récurrente au genou droit. Sportif, possédant une hygiène de vie très équilibrée, adepte de développement personnel, il était Directeur des Ressources Humaines d'une PME. Le genou vient soulever une problématique au niveau du « je-nous », c'est-à-dire de notre relation avec autrui. Le genou droit référait donc probablement à la relation de Pierre à son père, à un homme proche ou à des relations professionnelles (cf. chapitre précédent).
Je questionnai Pierre sur la survenue de cette douleur au genou et il m'expliqua qu'il avait déjà eu plusieurs problèmes à cet endroit du corps, notamment des entorses lorsqu'il était plus jeune. Sans signe clinique visible, cela faisait quasiment un an, que son genou devenait douloureux dès qu'il entreprenait un effort sportif. Nous avons remonté le temps

---

[24] Pour en savoir plus sur ma pratique, vous pouvez consulter mon site, www.anais-favre.com

ensemble et il a établi la correspondance entre le début de ses douleurs et le changement de direction de son entreprise. La nouvelle direction avait demandé à Pierre de procéder à un plan social, il devait se départir de plusieurs centaines de collaborateurs. De caractère très diplomate et d'un naturel à arrondir les angles, Pierre était fier d'être de ces DRH qui privilégient les rapports humains, l'écoute et le bien-être des salariés dans son entreprise. Occupant un poste entre le marteau et l'enclume, cette décision l'a obligé à renoncer à ses valeurs humanistes profondes. Il a du ployer, mettre genou à terre devant l'autorité. Il s'est senti véritablement torturé intérieurement, sachant que s'il refusait cette mission il serait lui aussi remercié et qu'un autre le ferait à sa place. A ce moment, il s'est même questionné sur un changement de trajectoire professionnelle. Finalement, il s'est raisonné en se disant qu'il serait la personne la plus appropriée pour conduire ce plan social, mais il a reconnu aussi qu'il n'aurait pas pu renoncer à son salaire et à ses conditions de vie. Au final, il s'est senti tiraillé entre la demande de la nouvelle direction et ses valeurs profondes, tiraillé entre les employés et ses supérieurs, tiraillé entre l'acceptation et le refus, et son genou venait le lui signifier. Nous sommes remontés encore plus loin dans l'enfance et l'adolescence de Pierre et avons décortiqué ses relations avec son père. Il avait eu un père militaire, dur, inflexible, qui l'avait écrasé par sa froideur autoritaire. Son genou avait déjà parlé à ce moment-là. Pierre a vécu une expérience similaire avec la nouvelle direction de son entreprise, mais la situation lui a permis de comprendre les blessures qu'il lui restait à panser de son enfance. Avec difficulté, il a alors réalisé combien il reproduisait inconsciemment une organisation rigide paternelle tant dans sa vie personnelle que professionnelle, lui qui s'était efforcé de prendre un chemin différent, celui de la négociation et de la coopération.

Afin d'aider Pierre à accepter son vécu et à lâcher prise de la souffrance associée, j'ai rééquilibré son corps mental, procédé à un soin pour dissoudre des formes pensées toxiques et réalisé un nettoyage du corps émotionnel. J'ai drainé le foie et la vésicule biliaire remplis de ressentiments, puis colmaté la fuite énergétique au genou.

Léna

Léna, 36 ans, a souhaité me consulter pour un problème d'eczéma sur les doigts de la main droite. Pendant la consultation, je me suis aperçue qu'elle présentait d'autres symptômes, elle avait des remontées acides après chaque repas et avait fréquemment des infections urinaires. L'eczéma, affection courante, surgit lorsqu'il y a une problématique autour de la mère et vient révéler soit un amour étouffant, soit un manque d'amour et nous verrons que l'un découle souvent de l'autre. Les remontées acides sont caractéristiques d'émotions qu'on a du mal à digérer et nous savons déjà que les affections de la vessie évoquent notre territoire.

Léna me dit que cela faisait un peu plus d'un an que son eczéma était apparu d'abord sur l'annulaire « et puis à la rentrée sur l'index », me précisa-t-elle. Les infections urinaires et les problèmes gastriques dataient de la même époque. Je lui ai demandé s'il y avait eu des changements significatifs dans sa vie à cette époque et elle me dit qu'elle avait accouché de sa petite fille âgée désormais d'un an et demi. Puis, elle avait changé de lieu de travail quelques mois après : institutrice, elle était passée d'une école en zone d'éducation prioritaire à une école bien plus tranquille de village. Léna vivait avec son compagnon depuis l'âge de 18 ans et ils ont attendu assez longtemps avant de faire un enfant – « parce qu'on était bien comme ça, tous les deux ». On comprend aisément comment la grossesse, puis la naissance de sa petite fille a bouleversé son corps et son rythme de vie, et donc mis à mal son territoire. En réalisant cela elle s'est sentie coupable et s'est justifiée m'expliquant à quel point sa fille était désirée. Je l'ai rassurée en lui montrant qu'il n'y avait aucun jugement à porter sur cet évènement, toute femme sait combien la naissance d'un enfant peut bouleverser l'équilibre d'un couple, le regard sur soi et le regard sur la vie en général. Nous avons abordé ensuite la question de l'eczéma sur l'annulaire droit qui a surgi à la même époque. L'annulaire est typiquement le doigt qui porte l'anneau (normalement à la main gauche). Dans le cas de Léna, l'eczéma à l'annulaire droit est donc venu mettre en lumière l'union avec le masculin, voire l'union avec le travail, deux domaines dans lesquels s'étaient opérés des changements. On peut faire de multiples interprétations, mais le moment auquel l'eczéma est apparu laisse à penser que le bouleversement de l'arrivée de bébé a changé le statut de son compagnon à ses yeux : de conjoint il est devenu père. En creusant un peu, Léna m'a avoué avoir eu des rapports difficiles avec ses parents. Elle n'avait quasiment pas connu son père. Elle avait grandi avec sa mère avec qui elle avait entretenu une relation « horrible ». Une femme qu'elle me décrivit comme autoritaire, humiliante et contrôlante. Une mère qui est trop dans le contrôle de son enfant mais veut pourtant bien faire. Elle l'aime et s'en soucie, mais sa manière de faire avec lui l'empêche de s'épanouir et de développer confiance en lui. C'est ce que Léna avait vécu. Elle m'avoua que l'amour maternel était synonyme pour elle de sévérité. Cela nous a alors permis de comprendre pourquoi son index s'était couvert d'eczéma lorsqu'elle avait changé de lieu de travail. Elle m'expliqua combien elle se sentait parfois perdue dans sa nouvelle école avec des enfants aussi « sages ». Elle qui avait travaillé pendant 7 ans avec des enfants « difficiles » ne savait plus comment s'y prendre pour transmettre ses connaissances. Elle avait l'habitude de crier pour ramener le calme, de s'interrompre fréquemment face aux incivilités de ses élèves et là ses nouveaux élèves l'écoutaient. On sait que l'index est le doigt du jugement et de la connaissance, c'est aussi celui qui montre, voire qui accuse. C'est donc ce doigt qui est venu lui révéler son insécurité et son sentiment d'impuissance face à

l'autorité maternelle lorsqu'elle était petite. Une autorité dont elle avait fait preuve jusqu'à présent dans son exercice professionnel mais qui n'avait plus lieu d'être dans cette nouvelle école où les enfants étaient plus dociles.
Afin de l'accompagner dans ses mutations internes et externes, j'ai traité énergétiquement les reins, siège des peurs de Léna, mais aussi le foie où il y avait beaucoup de colère. J'ai aussi équilibré tous ses centres énergétiques comme je le fais à chaque fois en m'arrêtant un certain temps sur le 3ème chakra pour soulager son estomac. Je lui ai fait un soin pour les infections urinaires et un autre pour l'eczéma. A ce jour, elle n'a plus de symptômes et exerce plus sereinement son métier.

Huguette

Huguette, 55 ans, est venue me consulter car elle avait des douleurs dans tout le corps et était fortement angoissée. Elle avait des rougeurs sur tout le corps, avait le cou et la tête gonflés et elle m'a précisé avoir pris 5 kg en un mois sans changer son alimentation si ce n'est en buvant plus de sodas. Elle paraissait avoir 20 ans de plus que son âge.
Le cas d'Huguette est typiquement celui d'une personne en hyperémotivité. Ses émotions ont pris une telle ampleur qu'elles ont envahi son existence et que le corps physique débordé, multiplie les symptômes d'appel à l'aide. La vie d'Huguette avait basculé quelques mois plus tôt en apprenant que son fils avait été incarcéré. Il était mêlé à une affaire criminelle de très près et venait d'être accusé de meurtre avec préméditation sur un jeune homme dans une histoire de règlement de compte entre trafiquants de stupéfiants. Il risquait la prison à perpétuité mais clamait son innocence en dénonçant un de ses acolytes. Antoinette savait que son fils « consommait du haschisch en grosse quantité » depuis quelques années, ce qui l'avait conduit selon elle à ne pas faire grand-chose de ses journées. A 22 ans, il habitait toujours chez elle et était déscolarisé, sans emploi, depuis

l'âge de 16 ans. Son compagnon actuel le rejetait et Huguette se sentait constamment prise entre deux feux. Elle se sentait frustrée et dépassée par les relations qu'elle entretenait avec son fils depuis de longues années car cela avait toujours été un « enfant difficile » qui ne voyait pas son père. Elle avait fui ce dernier car il était violent et la maltraitait. Elle faisait le parallèle entre son ex-mari et son fils et cela ne faisait que rajouter à ses angoisses.

Huguette était sur le point d'exploser et tout son corps le criait. Ses nerfs étaient à vif, les douleurs, les rougeurs, le cou et la tête gonflés venaient clairement l'exprimer. Elle n'était plus en capacité d'assimiler quoi que ce soit depuis la mise en accusation de son fils et son métabolisme digestif avait tellement ralenti sous le coup du stress répété qu'elle avait pris brusquement du poids. Nous avons souvent tendance en cas d'anxiété à consommer plus de sucre. Hors il faut savoir que le sucre est le carburant préféré des peurs. Le sucre diminue les taux d'hormone de croissance et de testostérone qui, elles, atténuent l'anxiété. Il produit un taux de lactate élevé et augmente ainsi l'acidité du métabolisme, ce qui a tendance à induire de l'anxiété. Malheureusement Huguette avait empiré son état en consommant plus de sodas. Je l'ai donc invité à réduire l'absorption de produits sucrés et éventuellement à se supplémenter en magnésium et en vitamine B3.

Nous sommes remontées dans l'enfance d'Huguette et elle m'a parlé de son père violent et de sa mère soumise. Elle avait fui très jeune le domicile parental pour se marier, autant dire qu'elle avait retrouvé dans son nouveau foyer ce qu'elle avait quitté : la violence. Elle s'était alors enfuie précipitamment et avait élevé son fils seule. La colère de ce dernier s'était parfois retournée contre elle, alors elle avait cédé à certains de ses caprices. Progressivement, la situation lui avait échappé. Nous avons donc tenté ensemble de remettre les choses à leur place car Huguette portait tout sur ses épaules (l'endroit de son corps où les douleurs étaient les

plus présentes). Nous avons tracé ses émotions, les avons rattachées à des évènements fondateurs, et avons rendu à chacun des interlocuteurs sa responsabilité.
J'ai nettoyé son corps émotionnel en insistant sur certains chakras secondaires et sur l'abdomen et j'ai également traité ses reins. J'ai appris qu'Huguette n'avait plus eu de crise d'angoisse ni d'autres symptômes physiques et qu'elle avait pu se rendre au procès de son fils, elle avait aussi posé un ultimatum à son compagnon. Elle a progressivement réussi à prendre de la distance et s'est faite à l'idée de vivre avec un fils en prison.

Benjamin

Benjamin, 35 ans, a pris rendez-vous avec moi pour des maux de dos. Il avait mal aux cervicales et au milieu du dos. En général, les douleurs au niveau des cervicales sont en lien avec l'expression de qui nous sommes, et le dos est en lien avec le passé de la personne, chaque vertèbre ayant une signification bien précise.
Benjamin avait toujours attribué ses douleurs au dos à son travail de jardinier paysagiste, même s'il avait noté qu'elles n'étaient pas toujours présentes. Il se rendait alors chez l'ostéopathe mais le résultat n'était pas durable. Il avait entendu parler de la corrélation entre maux physiques et maux psychiques et était prêt à tester ma méthode d'approche. Je lui demandais donc ce qu'il avait du mal à dire et à qui. Il se trouve qu'à l'examen la vertèbre cervicale C3 et les vertèbres dorsales D8 et D9 le faisaient souffrir. Benjamin était en couple avec une compagne qui, me dit-il, ne le respectait pas. Entrepreneur, il était aussi papa de deux enfants, ils habitaient tous dans une dépendance accolée à la maison des parents de sa compagne. Doté d'un sens des responsabilités, il mettait un point d'honneur à concilier vie de famille et vie professionnelle. Il n'avait que peu de temps pour lui et ne se sentait pas secondé par sa compagne. Elle ne travaillait pas et ne s'occupait que du plus jeune des enfants,

l'autre étant en crèche toute la journée. Selon lui elle passait ses journées devant la télé et il venait de découvrir qu'elle avait contracté des prêts pour s'acheter des vêtements et des accessoires pour la maison en cachette, mettant en péril les finances communes. Lorsqu'il la confrontait avec ses manquements, elle lui répondait « qu'il n'avait qu'à s'en aller s'il n'était pas heureux ». Se refusant de laisser ses enfants, il n'avait plus confiance en elle. De tempérament anxieux, il l'accusait même de négligence envers ses enfants. Plus que tout, Benjamin sentait qu'il n'avait pas son mot à dire. Sa gorge (il souffrait régulièrement d'angines) et ses cervicales témoignaient de ce sentiment d'impuissance. La vertèbre C3 est une vertèbre qui vient typiquement parler de cette détresse, du sentiment de ne pas être reconnu. La vertèbre D8 située à la hauteur du diaphragme parle de la peur de ne pas avoir le contrôle sur une situation. La souffrance ressentie au niveau de la D8 et de la D9 révélait la position de victime que Benjamin s'attribuait.

Nous avons cherché dans son enfance quelle résonnance Benjamin pouvait trouver avec cette situation où son opinion n'était pas prise en compte. Benjamin a directement pointé son père du doigt. Quoi qu'il fasse ce n'était jamais assez bien pour ce dernier. Il avait le perpétuel sentiment d'être incompris. Benjamin avait beau être quelqu'un d'organisé, de responsable et de prévoyant jusqu'à en devenir hyper-exigeant avec lui-même et avec les autres, aujourd'hui encore ce n'était pas assez bien pour son père. En prenant conscience de son fonctionnement, Benjamin admit qu'il avait besoin de se libérer des attentes de son père dont il reproduisait le fonctionnement et de reconsidérer avec attention sa situation de couple en privilégiant une communication libérée mais non agressive.

Afin de l'aider dans cette entreprise j'ai dégagé les blocages énergétiques des vertèbres touchées, rééquilibré les nadis principaux Ida et Pingala (afin de rééquilibrer ses polarités féminines et masculines) et j'ai entrepris de lui faire un soin complet du chakra laryngé, zone de l'expression. Les douleurs au dos de Benjamin ont rapidement disparu.

Marielle

Marielle, 80 ans, souffrant d'une bronchite, prit rendez-vous pour essayer d'enrayer cette suite d'affections respiratoires et de maux qui se succédaient depuis deux ans.
Les sphères ORL et broncho-pulmonaire sont toutes deux régies par le chakra laryngé de près ou de loin. Lorsque ces sphères sont atteintes, elles expriment pour l'une la difficulté à exprimer sa vérité au monde et pour l'autre, les angoisses et les tristesses qui n'ont pas été dites. Donc on voit à quel point l'expression les lie intimement.
A peine remise d'un rhume, Marielle rechutait ; quand ce n'était pas les allergies au pollen, elle faisait de l'asthme, puis une bronchite, puis un autre rhume, elle s'était aussi blessé le pied gauche. Embêtée, elle remarquait aussi qu'elle mettait plus de temps qu'avant à se remettre, son système immunitaire était visiblement affaibli. Elle n'a pas su trouver l'élément déclencheur de ces maux mais j'appris dans la conversation qu'elle avait ces maux « depuis toujours ». Elle avait de l'asthme et des bronchites depuis son plus jeune âge, et elle faisait une allergie au pollen depuis qu'elle était enfant. Je lui faisais remarquer que, l'un dans l'autre elle souffrait presque toute l'année de problèmes respiratoires, quand ce n'était pas les affections hivernales, c'était les allergies printanières voire estivales. Nous avons donc directement replongé dans son enfance pour comprendre ce qui pouvait être à l'origine de ces maux.
Marielle m'apprit qu'elle était l'aînée d'une fratrie de trois filles. Elles étaient nées à dix-huit mois d'intervalle chacune. Sa sœur cadette était née handicapée au niveau mental et moteur et avait forcément accaparé l'attention de ses parents et la benjamine bénéficiait de plus d'attention qu'elle n'en avait eue elle-même. Marielle me dit : « elle dès qu'elle pleurait on la prenait dans les bras. J'ai trouvé ça très

injuste ». Elle, en tant qu'ainée, avait un rôle à jouer, elle n'avait pas le droit de pleurer et devait assumer les tâches de la maison, seconder sa mère à la ferme particulièrement pendant la guerre et s'occuper de ses sœurs qui lui avaient « volé la vedette », et tout ceci sans broncher, si j'ose le jeu de mots. On comprend bien alors pourquoi Marielle qui reconnait avoir reçu de l'amour quand même, présente des affections respiratoires. Non seulement elle a souffert de manque affectif, mais en plus elle se voit confier la responsabilité de ses deux sœurs qui l'ont en quelque sorte privée de l'attention de ses parents. C'est un petit peu dur à avaler pour elle, mais on la forcera quand même à le faire en lui ordonnant de ravaler ses larmes. Alors Marielle pleure en dedans avec ses bronchites dès que la période hivernale survient. Quand elle était enfant, le printemps puis l'été n'annonçait pas les vacances pour elle, mais le travail aux champs. Alors elle étouffait, elle n'avait pas de moment pour souffler, pour être insouciante, autres que ceux qu'elle grappillait en s'enfuyant pour lire un livre, cachée dans un coin. C'est ce que l'asthme et les allergies au pollen venaient sans doute lui révéler. Marielle les trainait depuis cette époque. A 80 ans, rien n'avait changé, une interaction bénigne avec un proche ravivait ses anciennes souffrances et elle déclenchait en réponse un rhume, une crise d'asthme, une bronchite ou des allergies. Pneumologue à la retraite, elle n'avait pas choisi son métier par hasard, elle a passé sa vie à soigner et faire des recherches sur les affections respiratoires des autres. Il était temps de s'occuper des siennes.
En parallèle des conseils sur l'accompagnement de ses émotions, je l'ai soutenue énergétiquement avec un soin du chakra laryngé et une redynamisation des nadis qui partent chacun d'une clavicule pour rejoindre la côte flottante opposée et se croisent en X au niveau du cœur. Ce dernier soin a pour effet de relâcher des mémoires cellulaires anciennes en lien notamment avec le manque d'amour, la tristesse, et les difficultés dans les relations avec autrui qui en

découlent. Nous avons convenu d'un autre rendez-vous pour son pied.

Inès

Quand Inès, 39 ans, a pris rendez-vous avec moi, elle venait de se faire opérer d'une tumeur au sein gauche deux mois plus tôt. Elle avait déjà développé un papillomavirus onze ans auparavant, avant la naissance de son premier enfant. Les affections de l'utérus révèlent des conflits touchant le foyer maternel, l'enfantement, et les projections et les souffrances que nourrissent les femmes autour de leur maternité. Le cancer du sein contacte la même problématique, surtout au sein gauche, toutefois sa caractéristique réside dans la culpabilité que portent les personnes qui en sont atteintes.
Lorsque quelques années en arrière, Inès avait contracté un papillomavirus, on pouvait déjà déceler la tension qui l'habitait autour de la création de son foyer. A l'époque, elle souhaitait ardemment tomber enceinte, ce qui a fini par arriver, puisque un an après est né son premier enfant et le deuxième a suivi cinq ans après. Nous avons ensuite cherché ensemble les raisons psychologiques qui pourraient l'avoir amenée à développer un cancer du sein. Inès était heureuse en couple, heureuse d'avoir ses deux enfants mais en réalité elle aurait voulu en avoir un troisième. Son mari y était opposé et elle avait respecté sa volonté. Toutefois deux ans auparavant, Inès était tombée enceinte par accident et ce malgré son moyen de contraception, c'est dire comment son désir de « petit dernier » était fort. Son mari et elle avaient rediscuté de l'éventualité de la venue au monde de cet enfant, mais son mari s'est montré ferme, il n'en voulait pas. Inès s'est donc fait avorter. Avant que nous en discutions, elle n'avait pas pris conscience combien cet évènement lui avait porté peine et la culpabilité qu'elle avait développé à cet endroit. Inès était une fonceuse, optimiste même quand les choses n'allaient pas. Elle ne s'était pas rendu compte qu'elle avait ressenti de la

tristesse et qu'elle s'était silencieusement blâmée pendant de longs mois jusqu'à développer son cancer. Bien sûr son histoire ne commençait pas avec l'engendrement de ses enfants, mais remontait à sa propre enfance. Elle était la troisième de sa fratrie et était arrivée elle aussi de manière imprévue. Finalement, elle avait reçu de l'amour, elle était une petite fille toujours gaie et joviale qui ne posait pas de problème. Avait-elle eu le choix ? C'est sans doute une stratégie de survie qu'elle avait développée pour avoir droit à la place qui ne lui avait pas été réservée. Elle a réalisé pourquoi il était tellement viscéral pour elle d'avoir des enfants désirés. En ne pouvant pas donner vie à ce troisième enfant, symboliquement Inès avait revécu un moment fondamental de son existence, sa propre naissance ; c'était un peu comme si elle se reniait à son tour. Elle comprit pourquoi elle s'était sentie tellement coupable. Cette prise de conscience était importante pour elle, elle a facilité sa guérison et éloigné le risque de rechute.

Les places dans la fratrie et dans la lignée ont aussi une importance considérable dans le vécu d'une personne. La Vie est si justement articulée, qu'elle fait tout pour ramener la personne sur le chemin qu'elle doit parcourir pour L'aimer.

Afin d'accompagner Inès dans ce processus, je lui ai administré des soins esséniens relatifs au cancer du sein et j'ai nettoyé énergétiquement toute la zone de son utérus et redynamisé son deuxième chakra. Depuis, sensibilisée à l'importance de ses émotions, elle a entrepris un travail de développement personnel qui a révolutionné le regard qu'elle portait sur elle. Elle n'a pas eu d'autres traitements, a bien cicatrisé, et n'a pas fait de récidive à ce jour.

Julia

Cette jeune femme de 34 ans est venue me consulter pour des grosses angoisses et des problèmes intestinaux. Elle avait déjà souffert de crises d'angoisse quand elle était adolescente, mais depuis quelques mois elles avaient repris à un rythme de plus en plus soutenu, constituant pour elle un véritable handicap. Sans crier gare, ces crises la surprenaient à n'importe quel moment de la journée, excepté quand elle était à son travail, elle était institutrice de métier. Elle se sentait mal tout à coup, avec une forte sensation d'oppression dans la poitrine ; elle ressentait ensuite une douleur au plexus, puis son système digestif s'emballait et elle déclenchait quasi systématiquement une crise de diarrhée. Les problèmes de transit intestinal viennent en général signaler une difficulté d'assimilation d'une situation que nous vivons. Que ce soit l'accélération ou le ralentissement du transit, l'un vient nous parler d'évitement d'une situation et l'autre de cristallisation autour d'une situation. Julia était très mince et tout en étant une belle jeune femme paraissait très fragile.

Nous sommes revenues ensemble sur la chronologie de ses crises d'angoisse. Elle a évoqué une période d'anorexie mentale pendant son adolescence durant laquelle les premières crises étaient apparues. L'anorexie est une maladie qui vient dénoncer une difficulté très grande dans la relation à la mère qui conduit le malade à vouloir se rejeter lui-même, ce rejet pouvant aller jusqu'à la mort. En réduisant et en contrôlant son apport nutritionnel ou calorifique, l'anorexique garde une impression de contrôle sur sa vie, stratégie de défense au regard du sentiment de rejet qu'il a ressenti. Julia avait guéri de son anorexie même si il lui était resté une certaine aversion pour la nourriture. Suivie par un psychiatre, les crises d'angoisse avaient aussi cessé. Elle avait rencontré son mari en première année de faculté et depuis ils ne s'étaient plus quittés. Julia avait eu un premier garçon puis une petite fille âgée de 2 ans au moment de la consultation. Et c'est depuis la naissance de cette dernière que les crises d'angoisse avaient repris progressivement, d'abord une ou deux à six mois d'intervalle, puis plusieurs fois par mois et même plusieurs fois par semaine. Quand j'ai demandé à Julia quel rang elle occupait dans sa fratrie, elle m'a dit être la deuxième. Sa fille venait donc lui parler d'elle au même âge.

Julia prit conscience du manque d'amour maternel qu'elle avait ressenti. Elle n'avait pas été désirée par le couple de ses parents qui battait de l'aile à ce moment-là. Sa mère était plutôt froide et distante et elle avait manqué de proximité physique. Depuis sa maladie, toute sa famille surveillait de près son alimentation notamment pendant les repas de fête et la critiquait sur ses rations alimentaires. C'est suite à l'un de ces repas de famille qu'elle avait déclenché une crise d'angoisse quelques semaines après la naissance de sa fille. Julia était dégoutée par l'opulence de ces repas disait-elle et la pression qu'elle ressentait l'empêchait d'avaler une bouchée sans qu'une violente envie de vomir ne s'empare d'elle. Ces repas étaient une véritable torture car elle était prise entre l'envie de faire plaisir, le stress et son dégout. Elle n'osait pas s'affirmer et parler de ses ressentis et de ses émotions, elle restait encore dans le rôle d'une petite fille qui, pour recevoir de l'amour à tout prix, ne dit rien, s'efface, correspond à l'image de petite fille sage que l'on a d'elle. Ses crises d'angoisse révélaient la lutte intérieure dont elle était le théâtre. Elle avait tellement désirée être nourrie d'amour maternel, que cette abondance de nourriture la dégoutait aujourd'hui. Il faut vraiment comprendre que : nourriture = amour maternel. Elle ressentait la culpabilité que lui faisait porter sa famille, alors qu'elle avait déjà enduré tant de frustration à cet endroit. En déchiffrant l'objet de son conflit intérieur, Julia se sentie immédiatement soulagée. Elle comprit la culpabilité qu'elle ressentait, l'intérêt d'affirmer ses besoins auprès de ses proches et même aux yeux du monde. Le déclencheur de ses crises d'angoisse était toujours le même : une situation déplaisante pour Julia où elle n'osait pas dire non, ni affirmer ses besoins. La diarrhée venait signaler l'envie de fuir cette situation, et toute la peur qu'elle ressentait à ne pouvoir s'imposer avait un effet immédiat sur son transit.

Nous avons ensuite discuté du travail de réconciliation avec la nourriture, qu'elle pourrait entreprendre quand elle se sentirait prête. Julia était très optimiste, elle se sentait boostée par sa

relation avec sa fille. Elle ne voulait plus reproduire les même schémas me dit-elle.
J'ai soutenu sa démarche en lui faisant un soin de la sphère intestinale, puis du deuxième et du cinquième chakra, afin d'optimiser l'expression de ses émotions et de ses besoins. Elle n'a plus refait de crises d'angoisse, ni de crises de diarrhée depuis et a complètement repris sa vie en main.

Les parcours de ces patients sont parfois volontairement raccourcis. Le temps est un précieux allié pour réaliser des choses et il est bon d'en avoir conscience. Cela ne sert à rien de vouloir aller vite, guérir vite et vite passer à autre chose. Chacun a son rythme et il est important de le respecter et de l'accepter tel quel, sinon cela ne fait que rajouter des résistances supplémentaires à la guérison. Toutefois je constate ces dernières années que la guérison est plus rapide pour ceux qui la souhaitent réellement.
Les patients évoqués avaient la particularité de présenter des maux déjà installés et pour certains chroniques. Toutefois, je rencontre des patients qui n'ont pas encore développé de maladie mais qui ressentent des douleurs dans le corps et qui ne savent pas comment s'en débarrasser sans avoir recours à des analgésiques.

4- « J'ai mal mais les examens ne montrent rien »

Il me semble nécessaire de faire un focus sur les personnes qui ressentent des douleurs dans leur corps sans pourtant qu'aucun examen médical ne décèle d'anomalie. Il existe des maladies restées longtemps ignorées, reconnues aujourd'hui par la médecine occidentale traditionnelle, qui provoquent des douleurs mais encore difficilement diagnosticables. La *maladie de Lyme - ou Boréliose de Lyme* - en est un exemple. Si on ne connaît pas l'historique de la personne (exposition aux piqûres de tiques) et qu'on ne peut pas faire d'observation clinique en phase primaire de la maladie (lors de la piqure), la maladie est indétectable via des examens classiques. La *fibromyalgie* en est un autre exemple, cette maladie se détecte seulement grâce à 18 points de douleurs caractéristiques mais ne peut être diagnostiquée autrement. Il existe aussi tout un panel de maux douloureux dans le corps qui ne sont pas visibles ou explicables par la médecine conventionnelle mais qui sont bel et bien réels pour ceux qui les éprouvent. Parmi ceux-là, le mal du siècle comme il se fait appeler : le mal de dos. Avant que les ostéopathes ne mettent en évidence les lésions ostéopathiques et autres dérèglement des systèmes articulaire, viscéral et tissulaire, la médecine traditionnelle ne pouvait expliquer certaines douleurs. Bien que leur reconnaissance évolue, les ostéopathes sont encore parfois considérés par certains praticiens conventionnels comme des hurluberlus. La situation est pire pour une grande majorité de médecines parallèles qui subissent encore les assauts réguliers de la médecine officielle alors qu'elles gagneraient à travailler ensemble, tant elles sont complémentaires.

Mais je voudrais aborder encore autre chose : je reçois régulièrement des patients qui ne présentent aucun signe clinique et qui pourtant souffrent de douleurs parfois importantes. C'est aussi mon expérience personnelle. Certaines personnes particulièrement sensibles ressentent des douleurs qu'elles ne comprennent pas. Ces maux sont en fait des blocages énergétiques dans l'un ou l'autre des corps subtils qui sont cristallisés dans le corps éthérique et pour certains en voie de se matérialiser dans le corps physique. Exemple classique, les douleurs répétitives au niveau du plexus solaire - sans trace d'ulcère à l'estomac - signalent en général un trop plein émotionnel. Si ce trop plein perdure, il y a un risque de développer un ulcère ou une autre maladie. Un autre exemple, les patients qui ont des maux de tête qui durent depuis des dizaines d'années pour certains. Ils ont fait tous les tests possibles et inimaginables mais leur médecin ne leur a rien a trouvé, alors ils se dopent de sédatifs pour traiter leur douleur. Je peux trouver de nombreux exemples de patients souffrant de différentes parties du corps, des membres ou des articulations sans explication. C'est toujours un blocage énergétique qui est à l'origine des douleurs. Et dans ces situations, la psycho-énergétique est une pratique toute indiquée pour les soulager, notamment avec l'aide du procédé de gestion des pensées et des émotions que vous trouverez dans ce livre.

Certains patients sont plus ouverts que d'autres à cette méthode. Certains patients ont une relation plus intime que d'autres à leur corps. Cela influence bien sûr leur guérison.
Mais au final, une écoute attentive de son corps peut permettre d'agir en prévention ou de se soigner sans avoir recours à un tiers, tant que nous observons la corrélation avec nos autres corps subtils. Le corps physique lui ne se trompe pas. C'est un véritable messager qui vient nous informer des dérèglements qui s'opèrent à d'autres niveaux de notre être. Nous avons le choix de l'écouter ou non. Certains attendront d'être malade pour le faire, d'autres sont à l'écoute des signaux légers.

CE QUE L'ON PEUT RETENIR

Voici une proposition des points qui me paraissent importants à retenir dans ce chapitre :

- La civilisation occidentale est dépositaire d'une conception biologique de la médecine et donc mécanique du corps physique.

- Relégué à n'être qu'un outil, nous n'avons souvent que peu de considération pour notre corps, si ce n'est pour son apparence et nous passons souvent à côté de ses besoins.

- Le corps physique est interdépendant avec les corps spirituel, mental et émotionnel, c'est pour cela qu'il est important de se mettre à son écoute, il peut nous transmettre des informations d'autres plans.

- Chaque individu naît avec des prédispositions et des dispositions à acquérir, ces dernières sont parfois considérées comme des « faiblesses » mais devraient être considérées comme des pistes de travail, que ce soit au niveau physique, émotionnel, mental et spirituel.

- Chacun a son propre principe de cohérence, ou interaction harmonieuse entre le corps physique et les autres corps. Ce qui est valable chez l'un, ne l'est pas forcément pour l'autre en termes de santé.

- A chaque partie du corps correspond une fonction psychique. Quand nous souffrons d'un organe, il y a un déséquilibre/blocage psychique à cet endroit.

- Certaines personnes souffrent de douleurs non identifiées par le système médical. Excepté les maladies difficiles à diagnostiquer comme la fibromyalgie ou la maladie de Lyme, il existe des douleurs d'origine énergétique. Ces douleurs ne sont pas complètement installées dans le corps sous la forme d'inflammation par exemple mais sont bien réelles, elles sont issues de blocages énergétiques dans autres corps subtils.

- Le corps physique ne se trompe pas. Il est important de porter attention au langage de son corps afin de ne pas attendre la maladie pour l'écouter.

Chapitre 3

Ces émotions qui me meuvent

"Les fortes émotions nous apportent en un instant ce que nous aurions mis des années à découvrir."
René Chicoine, Un Homme rue Beaubien.

L'un des postulats de la psychologie corporelle est que si les émotions sont mal vécues, elles peuvent être à l'origine de dysfonctionnements dans notre corps. Notre corps émotionnel, comme nous l'avons vu dans le premier chapitre, nous sert à ressentir et à désirer. C'est grâce à lui que nous pouvons nous mettre en action (sous l'impulsion du corps mental), et que nous créons notre vie via notre corps physique. L'étymologie du terme *émotion* est évocateur, il vient du vieux français *émouvoir* qui vient lui-même du latin *e(x)movere* : se mettre en mouvement vers l'extérieur. Vivre des émotions est donc normal et important. Cela nous permet de donner du sens aux situations que nous vivons et nous encourage à nous mettre en mouvement lorsque nous vivons des choses déplaisantes. Par contre, bloquer l'expression d'une émotion, ou au contraire, la vivre avec une intensité excessive ou sur une période trop longue, risque de déséquilibrer le corps physique.

L'émotion est un phénomène qui se fait sentir dans le corps. C'est une réponse, une réaction aux événements extérieurs. Elle nous indique comment nous vivons les choses. Elle traduit le rapport entre ce que l'on vit et ce que l'on voudrait vivre.

Les émotions sont des signaux qui ont pour but de nous donner des informations sur nous-mêmes. Elles participent à décrypter toutes nos expériences. En fait, derrière chaque émotion se cache une ou plusieurs pensées. L'émotion est la manifestation de la pensée, elle nous donne la traduction sensitive de la pensée. Nos pensées se projettent directement dans notre corps, et on peut alors savoir si ces pensées nous font du bien ou non. Lorsque nous ressentons des émotions que nous jugeons désagréables, nous avons le réflexe de les fuir, car on ne nous a jamais appris à les gérer lorsque nous étions enfant.

En France, et plus généralement dans le monde occidental – excepté quelques cas isolés - les émotions ont complètement été oblitérées au profit du mental. Depuis Descartes et son fameux adage « je pense donc je suis », on a mis l'intellect sur un piédestal. Jusqu'à encore récemment, être raisonnable, intellectuel, était seul gage de fiabilité, être cultivé était respecté même admiré, maitriser ses émotions encourageait les autres à nous faire confiance, etc. Tout ce qui provenait de la foi, de l'intuition, de l'émotion, de l'affect en général était incertain, trouble, sujet à méfiance. Or sans émotion, on ne peut avoir accès qu'à une vision partielle du réel. L'utilisation des émoticônes dans les messages écrits en est l'illustration à l'heure où une grosse partie de la communication interpersonnelle se fait virtuellement.
Depuis quelques années toutefois, émerge dans plusieurs domaines la prise de conscience que les émotions sont incontournables. On sait aujourd'hui que le développement du cerveau, l'équilibre du corps humain, l'apprentissage, l'expression artistique, entre autres, sont indissociables des émotions. La science a même prouvé que les animaux aussi étaient dotés d'émotions. Prendre conscience de nos émotions, présentes et passées, est la clé pour vivre de manière équilibrée. Désormais nous ne pouvons plus nier leur

importance, ni les laisser nous dominer sous peine de vivre un vrai calvaire, voire de tomber malade.

1- Emotions et biologie

Pour comprendre comment interagissent les émotions et le corps, on peut faire appel aux neurosciences. L'émotion est le produit du travail d'un ensemble de structures cérébrales et entériques. Elle engendre un programme d'action et se veut être une réponse au traitement d'un stimulus externe ou interne (parole, sensation de douleur, souvenir..). Elle produit un ressenti dans le corps. La fonction biologique première de l'émotion est de favoriser la survie. Ainsi elle est impliquée dans la mémorisation des expériences favorables et défavorables à celle-ci. L'émotion s'exprime dans le corps, que le stimulus soit externe (par exemple dans le cas de la vision d'un danger réel) ou interne (par exemple la représentation de la conséquence d'un choix).

En fait, selon une typologie qui date un peu, mais qui permet de comprendre la complexité des émotions, nous possédons schématiquement trois cerveaux intimement liés intervenant dans la naissance, le traitement et la gestion de nos émotions : le cerveau archaïque, le système limbique ou « cerveau émotionnel » et le néocortex ou « cerveau supérieur ».

Le cerveau archaïque qui comprend le tronc cérébral et le cervelet gère des fonctions physiologiques primaires : respiration, rythme cardiaque, équilibre, sommeil, entre autres. Son autre fonction est de déclencher des comportements en réaction au danger.

Le système limbique ou « **cerveau émotionnel** » est composé de plusieurs structures reliées entre elle, lesquelles sont l'amygdale, l'hippocampe, l'hypothalamus, le cortex cingulaire et le cortex préfrontal, l'insula, le noyau accumbens, le septum et les ganglions de la base. Catherine Gueguen écrit à son sujet[25] : « ce cerveau nous fait ressentir l'agréable, le désagréable et toute la gamme très étendue des émotions (…) Il joue également un rôle de régulateur des instincts primitifs de survie venant du cerveau archaïque et aide à contrôler les réactions d'attaque ou de fuite. »

Le néocortex ou **« cerveau supérieur »** est divisé en lobes : frontal et préfrontal, pariétaux, temporaux et occipitaux. « Il est impliqué dans les fonctions cognitives dites « supérieures » comme la conscience, le langage, les capacités d'apprentissage, les perceptions sensorielles, les commandes motrices volontaires, la présence dans l'espace »[26]. Il a aussi pour fonction de tempérer les émotions émises par le système limbique via le lobe préfrontal notamment.

Le développement du cerveau d'un être humain débute dès la vie intra-utérine et finit sa maturation entre 18 et 25 ans. Une grande partie du cerveau se forme au cours des cinq premières années de la vie, mais à l'adolescence il n'est toujours pas mature et il lui faudra encore plusieurs années avant de l'être. C'est notamment les zones de régulation des émotions qui murissent tardivement : le cortex orbito-frontal et la partie dorso-latérale du cortex préfrontal.

L'être humain éprouve des émotions depuis la vie intra-utérine et en grandissant il apprend progressivement à traiter, ou pas, ses émotions en fonction de son développement cérébral. Toutefois, avant l'adolescence, il lui est difficile physiologiquement de réguler ses émotions ; ses structures et ses réseaux cérébraux ne sont pas encore assez avancés, même si ils connaissent des stades de maturation importants, notamment vers l'âge de 5-6 ans. A partir de cet âge il lui est possible d'apprendre à s'autoréguler si l'éducation qu'il reçoit le lui permet.

---

[25] P. 68, In *Pour une enfance heureuse. Repenser l'éducation à la lumière des dernières découvertes sur le cerveau.* Dr Catherine Gueguen, Robert Laffont, 2015.

[26] P. 69, Catherine Gueguen, 2015.

Le cerveau de l'enfant est malléable et il est très sensible aux effets du stress et de l'environnement affectif, sociétal et culturel. Ainsi, un enfant qui n'est pas accueilli dans ses émotions, que l'on gronde, punit ou corrige lorsqu'il les exprime par exemple, peut connaitre des problèmes de développement cérébral. Par exemple, la colère produit une hormone qui s'appelle le cortisol ; cette hormone, en trop grande quantité, est responsable de la dégradation des neurones. Ces troubles, se traduisant par des retards de maturation de certaines zones du cerveau, vont directement avoir un impact sur la gestion des émotions. A l'âge adulte il ne saura vraisemblablement pas bien réguler ses émotions ; cela pourra se traduire par une hyper-expression ou alors par une hypo-expression des émotions. Dans ces deux cas les émotions peuvent devenir des facteurs de mal-être ou de maladies car le corps émotionnel n'est pas équilibré.

Mais le cerveau crânien n'est pas le seul centre de production et de régulation des émotions. Le **cerveau entérique** - logé dans nos intestins - étudié depuis la fin du 19ème siècle révèle lui aussi une activité neuronale intense. Aujourd'hui on sait que les deux cerveaux fonctionnent indépendamment l'un de l'autre, relate le Dr Gershon un grand spécialiste de neuro-gastroentérologie[27]. Ce qui signifie que notre deuxième cerveau possède une autonomie d'action. Il possède tout comme le système nerveux central, des neurotransmetteurs et des neurones mais à priori il ne produit pas de pensées conscientes. Toutefois il est capable comme le premier d'élaborer des activités psychiques non conscientes et donc de produire et réguler des émotions. Notre cerveau abdominal serait l'un des fournisseurs de données majeurs pour notre inconscient. Il serait à l'origine et en même temps gestionnaire de nos réactions instinctives.

---

[27] In *The second Brain*, 1999.

« Les réactions entériques face aux grandes émotions ne sont pas un concept théorique ou ésotérique pour la plupart des gens, ils peuvent voir que le lien est bien réel », souligne le Dr Gershon. Il a été démontré que les capacités digestives permettent aussi de réguler nos états d'âme finalement, de digérer ce qui nous est « resté sur l'estomac ». D'après des recherches scientifiques récentes[28] utilisant un électrogastrogramme (un appareil capable de détecter les activités électriques des neurones dans le ventre), ainsi qu'un appareil mesurant la résistance électrique de la peau, le cerveau entérique permettrait aussi de capter à distance l'état psychique d'une personne avec qui nous sommes en lien. Notre intuition pourrait naître de l'activité de nos neurones intestinaux. Ces découvertes scientifiques m'amènent à faire le parallèle avec les traditions millénaires de l'Ayurveda. Il y a plus de 4 000 ans, les médecins ayurvédiques avaient décodé le rôle de chaque chakra et repéré les mêmes fonctions régies par les mêmes zones du corps (voir chapitre 1).

En définitive, il y a une interaction complexe entre le corps et les émotions. Le corps produit des émotions et les émotions agissent sur le corps.

2- Le dessous des émotions

En fait, les émotions cherchent toujours à nous montrer quelque chose. Elles nous permettent de sentir et ressentir notre position par rapport aux situations extérieures. L'émotion qui surgit nous montre à quel point la perception que nous avons d'une chose est agréable et adaptée pour nous ou non. Et ce, même si nous ne sommes pas conscients de notre comportement. Sachant que l'on réagit souvent de manière inconsciente, certains comportements sont plutôt des

---

[28] Radin D. I. & M. J. Schlitz (2005 Feb). "Gut Feelings Intuition and Emotions: An Exploratory Study." Journal of Alternative and Complementary Medicine, 11(1): 85-91.

réactions automatiques qui trouvent leur origine dans nos conditionnements et nos croyances (issus de l'éducation, des expériences, des dogmes, des croyances collectives, des traumas et des souvenirs). Lorsque nous sommes inconscients de notre comportement, les émotions sont justement là pour nous le révéler afin que l'on en prenne conscience et que l'on en change.

Plus ce que je pense vivre est éloigné de ce que je souhaite vivre, plus l'émotion va être désagréable. Plus ce que je pense vivre est en adéquation avec ce que je désire vivre, plus l'émotion va être agréable. L'émotion nous permet de ressentir à quel point nos pensées et nos actes sont en alignement avec qui nous sommes vraiment. Il est facile de le savoir : si l'émotion est positive nous sommes en alignement, si elle est négative nous ne le sommes plus tout à fait.

Derrière chaque émotion se trouve un message. Le message est toujours le même : c'est un besoin, une envie, ou un désir.

3- Les types d'émotions

Il existe cinq émotions principales, bien que certains affirment qu'il y en a six. La joie, la colère, la tristesse, la peur et le dégoût auxquelles certains rajoutent la honte - toutefois en terme neurologique la honte est un sentiment pas une émotion. Les spécialistes ne sont pas tous d'accord, certains affirment que la honte et la culpabilité seraient des émotions sociales. La surprise aussi serait en liste, toutefois au niveau cérébral, le signal biologique de la surprise se rapproche de celui de la peur et lui est donc de plus en plus souvent assimilé.

L'émotion est une énergie qui nous pousse à nous mettre en mouvement. Si le besoin derrière notre émotion est satisfait, l'émotion est agréable, s'il est insatisfait l'émotion est désagréable. Je vous encourage à ce stade à observer comment chacune d'entre elles se traduit dans votre corps.

- La **joie** est une énergie qui nous pousse à avancer. Elle dit que nous sommes alignés. Un véritable moteur pour mener à bien nos projets. Beaucoup soutiennent qu'elle est l'émotion de base : la seule émotion que le cerveau essaie de reproduire en permanence. Les émotions provoquent la réaction, le mouvement, dans le but de revenir à cette émotion agréable. Le besoin qui sous-tend cette émotion est le besoin d'harmonie, de satisfaction, de plénitude, de succès, ou encore d'accomplissement. Les manifestations physiques de la joie sont multiples, elle nous amène à sourire, rire, elle peut nous provoquer une sensation de chaleur intérieure, voire un gonflement agréable de la poitrine, et dans certains cas elle libère une telle énergie que l'on est amené à crier, gesticuler, sauter, danser.

- La **colère** est une énergie qui nous amène à interpeler. Elle est utile pour poser des limites et défendre son territoire et son espace vital. Le besoin qui sous-tend cette émotion est que nos valeurs, nos besoins soient respectés. Les manifestations physiques de la colère peuvent se traduire par une certaine tension voire une chaleur au niveau du plexus solaire, les joues peuvent devenir rouges, les sourcils se froncer. Certaines personnes peuvent ressentir une tension musculaire de leurs mâchoires, certains de tout leur corps. Là-encore cette émotion libère une énergie très intense qui va jusqu'à décupler nos forces et qui peut nous amener jusqu'à la violence physique dans le but de faire respecter les « frontières » symboliques ou réelles qui ont été transgressées. La colère trop longtemps réprimée se transforme en dépression. Et si on la ressasse trop, qu'on ne s'en sert pas comme d'un moteur, elle peut nous consumer de l'intérieur. La colère est souvent une parade en réponse à une peur. Aussi il peut être intéressant de se pencher sur les peurs qui alimentent nos colères.

- Le **dégoût** est une énergie qui nous amène à rejeter. Cette émotion est assez analogue à la colère voire à la peur dans son mouvement si ce n'est qu'elle concerne souvent des situations qui affectent le corps. On ressent une émotion de dégoût lorsque notre corps (ou celui de l'autre) est affecté, par un goût, ou une odeur, une vision, un geste, etc. Mais on peut aussi avoir du dégoût en réaction à certains actes ou pensées malsaines. Le besoin qui sous-tend cette émotion est le besoin de santé voire de « sanité » - au sens de ce qui est sain, en opposition au malsain. Lorsque notre intégrité ou celle de quelqu'un d'autre a été bouleversée, l'émotion du dégoût nous amène à avoir différentes manifestations physiques qui vont du simple mouvement de recul, à un haut-le-cœur ou à des nausées, jusqu'au vomissement.

- La **tristesse** est une énergie qui induit un relâchement. La tristesse sert à nous amener à lâcher nos attachements et survient lors d'une perte, d'un échec ou d'une séparation. Le besoin qui sous-tend cette émotion est le besoin de liens. Notre tristesse vient nous demander de passer à autre chose, de faire le deuil, de lâcher nos illusions, nos attentes. Les manifestations physiques de la tristesse sont parfois l'apathie quand on n'arrive pas à l'exprimer. Mais sinon elle se traduit par des épaules basses, une sensation de cœur serré, la gorge serrée, les traits du visage tirés vers le bas et puis des larmes. Pleurer est l'outil le plus efficace de libération de toutes les émotions, il permet de nous laver et de repartir sur des bases nouvelles. « Les pleurs sont le travail de réparation de l'organisme après une perte. Les larmes soulagent, guérissent. (…) Les larmes enfermées bloquent le passage vers l'amour »[29]. Combien de fois avons-nous entendu ce conseil : « pleure un bon coup et ça ira mieux ! » ; et bien il est totalement approprié.

---

[29] P. 228-229, *Au cœur des émotions de l'enfant*, Isabelle Filliozat, 1999, Paris.

- La **peur** est une énergie qui conduit à un mouvement de recul, voire de paralysie selon les situations ou les personnes ; qu'elle prenne la forme diffuse de l'anxiété, la forme plus aigue d'une peur soudaine ou la forme plus intense d'une attaque de panique ou d'une crise d'angoisse. En fait la peur survient pour réagir rapidement en cas de danger réel ou pour prendre conscience de ses limites (et éventuellement choisir de les dépasser). Le besoin derrière cette émotion est un besoin de sécurité. On avance souvent le chiffre de 8% de peurs seulement qui sont fondées sur une menace concrète, toutes les autres sont produites par le mental. Derrière chaque peur il y a un désir caché. A l'origine de ces peurs il y a dans beaucoup de cas l'indécision et/ou le doute. On crée des peurs là où on ne veut pas aller. C'est bien connu quand on a peur « on ne sent plus ses jambes », ou « on a les jambes molles ». Les manifestations physiques de la peur sont nombreuses. Du simple mal-être indéfinissable, à l'impossibilité de se mettre en action lorsque nous sommes anxieux. Des poils qui se hérissent, au plexus qui se serre, au ventre qui se noue, au transit qui s'accélère, à la montée d'adrénaline en cas de peur soudaine. De la respiration qui s'accélère, aux pulsations cardiaques qui s'emballent en cas de crises d'angoisse ou d'attaques de panique, ou à la sensation d'avoir froid intérieurement. Il faut savoir que les angoisses sont des peurs qui ne sont pas regardées. La peur est l'émotion qui vide le corps de son énergie le plus rapidement. Aussi pour une bonne santé, il est important d'affronter ses peurs, de les accepter puis de les surmonter, surtout celles qui ne sont pas réelles.
J'espère que cette petite liste vous aura aidé à mettre un nom et un visage sur vos émotions.

4- Emotions et vieilles blessures

D'après certains chercheurs, les traumatismes ou blessures émotionnelles vécus dans l'enfance restent en mémoire inscrites dans nos cellules. Et lorsque certaines situations résonnent avec des situations non résolues du passé, d'anciennes blessures peuvent alors se réveiller en réactivant toute la mémoire émotionnelle associée.

Le Dr Louis Angelloz-Pessey qui a étudié les répercutions des chocs émotionnels sur le corps explique le fonctionnement de la mémoire des cellules[30] : « Lorsque nous subissons une émotion, brève ou prolongée et obsédante, il apparaît dans le cerveau un phénomène de surtension électrique généralisée ou localisée. Cette surtension va générer une mémoire cellulaire qui pourra se ré-exprimer dans le corps après plusieurs mois ou plusieurs années. Une émotion intense peut provoquer en nous un sursaut, c'est-à-dire une contraction musculaire brève correspondant au délestage du surplus d'électricité créé dans le cerveau par cette émotion. On notera que cette contraction musculaire est aussi une contraction de préparation à la défense ou au combat. Lors d'une contrariété prolongée, dont l'intensité dépasse un certain seuil, il y aura délestage de l'excès d'énergie dans une région précise de l'organisme, provoquant une perturbation des fonctions cellulaires nutritionnelles des tissus correspondants et la création de mémoires cellulaires ».

Un cerveau immature tel celui de l'enfant, n'a physiologiquement pas les ressources nécessaires pour intégrer pleinement les émotions qui surgissent. L'événement traumatisant est alors vécu partiellement, et certaines émotions sont occultées. Elles sont stockées dans le subconscient qui les libérera plus tard, souvent à l'âge adulte, pour les « résoudre ». D'un point de vue énergétique, les situations du passé qui n'ont pas été intégrées pleinement créent une sorte de « bulle émotionnelle ». C'est comme cela que je les ressens chez mes patients. Une ou plusieurs formes pensées leur sont également rattachées comme nous

---

[30] In www.memoires-cellulaires.com

le verrons dans le chapitre suivant. Cette « bulle émotionnelle » sera réveillée chez l'adulte à chaque fois qu'une situation similaire (par certains aspects) se présentera. Le but étant d'intégrer les émotions rattachées afin de relâcher la tension interne que produit l'énergie émotionnelle, pour pouvoir libérer et changer le mécanisme automatique de ces schémas émotionnels.

Je prendrai ici l'exemple d'une patiente, Frida, qui est venue me consulter car elle vivait des problèmes relationnels avec son fils, et avait du mal à faire le deuil de ses ex-compagnons, elle se sentait épuisée. Logiquement, son histoire nous a ramené à son enfance, lors de laquelle ses parents se sont séparés et son père est retourné vivre dans son pays d'origine. Ayant ressenti un fort sentiment d'abandon, elle avait emmagasiné, tristesse, colère et autres sentiments de culpabilité, d'incompréhension et d'impuissance. Elle a revécu sous différentes formes cette situation difficile avec les différents compagnons qu'elle a eus ainsi qu'avec son fils. Dans ses choix de vie et de rencontres, elle s'attirait automatiquement des situations analogues à celles qu'elle avait vécues dans son enfance, dans le but inconscient de libérer les émotions encore emprisonnées à cet endroit. Ainsi son premier compagnon n'a pas voulu de son fils lorsqu'elle est tombée enceinte, elle s'est retrouvée devant un double sentiment d'abandon : abandon du père envers son enfant et abandon du compagnon qui l'a quittée car elle ne voulait pas avorter. Puis elle a rencontré d'autres hommes que le poids de sa culpabilité a conduit à rester avec eux même si ils étaient toxiques : pour Frida c'était elle le problème, pas eux. Elle ne pouvait se résoudre à les abandonner ayant été elle-même abandonnée. Elle avait le même rapport avec son fils devenu adolescent, pour qui elle se devait de faire l'impossible pour tenter d'incarner une bonne mère. Tant d'exigence envers elle-même l'épuisait. Elle n'avait pas pris conscience malgré le travail de psychothérapie déjà entrepris, qu'il restait des émotions emprisonnées qui ne demandaient qu'à sortir. En d'autres mots, là où elle avait identifié intellectuellement la source de son mal-être, elle n'était pourtant pas capable de s'en défaire car elle n'avait pas géré la bulle émotionnelle associée.

FOCUS SUR LA CULPABILITE

A ce propos, il me semble important de s'arrêter sur la notion de culpabilité. Toujours en raison du développement de son cerveau, de sa maturité et de la conscience qu'il a de lui-même, l'enfant se considère comme étant le centre du monde jusqu'à l'âge de six ans selon J. Piaget. Ensuite il commence à comprendre à faire le lien entre les causes et les conséquences. C'est à partir de cet âge que se développe le sentiment de culpabilité. Ainsi il pense être à l'origine des situations qu'il traverse et n'a pas conscience qu'elles résultent du choix des personnes qui l'entourent. Aussi considère-t-il de manière erronée que tout ce qui (lui) arrive est de sa faute. Il garde alors jusqu'à l'âge adulte un sentiment de culpabilité face aux épreuves qu'il a traversé qui pèsera lourd sur sa conscience. Il s'accuse souvent à tort d'être fautif, d'être mauvais, là où il aurait besoin de prendre conscience qu'il n'est pas coupable. L'autodépréciation est préférable à la remise en cause de ses parents dont il a peur de perdre l'amour.
Il aurait besoin de savoir que le privilège de l'enfance est l'innocence. L'éducateur – qu'il soit le parent ou l'enseignant - devrait chercher à responsabiliser l'enfant plutôt que de le culpabiliser. Une fois adulte, la culpabilité refoulée demeure dans tous les endroits où il y a eu des blessures. C'est un sentiment biaisé qui prend l'allure d'un petit juge intérieur, celui qui nous critique sans cesse, qui nous dit que nous faisons mal les choses, ou jamais assez bien. A trop écouter cette voix, nous y perdons en estime personnelle et en confiance en soi. Plus grave encore, si nous l'écoutons, la

culpabilité peut retarder voire même stopper notre travail personnel.

Comme nous l'avons vu, une émotion B - qui survient dans le présent - peut réactiver la bulle émotionnelle créée autour d'une émotion première A. Si l'émotion A n'a jamais été conscientisée, l'émotion B va avoir pour effet de l'amplifier et ceci à chaque mise en résonnance. L'effet parallèle est l'augmentation progressive de la sensibilité de la personne. Le chapitre précédent regorge d'exemples similaires qui illustrent les bulles émotionnelles en souffrance qui s'expriment à travers un mal-être ou des maux physiques.

FOCUS SUR LA MEDECINE NOUVELLE GERMANIQUE

La Médecine Nouvelle Germanique fut nommée ainsi par son fondateur le Dr Ryke Geerd Hamer. Ce dernier après avoir déclenché un cancer des testicules quelques mois après la mort de son fils s'est rendu compte des rapports entre émotions et maladie. Il a étudié plus de 6 000 cas de cancéreux et a démontré que le cancer suivait toujours les mêmes phases. Il a établi que tout cancer débute au moment du DHS (Dirk Hammer Syndrom), un choc conflictuel extrêmement brutal vécu dans l'isolement et qui nous prend à contre-pied. Hamer démontre qu'au moment de ce choc le ressenti psychologique du patient va impacter à la fois le cerveau et le corps. Au niveau cérébral, apparaissent un ou plusieurs foyers, qui en conséquence impactent au niveau organique, un ou plusieurs tissus. Ces foyers cérébraux – foyers de Hamer - sont des relais cérébraux qui commandent un organe ou un tissu dans notre corps. Il faut donc résoudre le conflit déclencheur pour guérir de son cancer. C'est ce qui survient dans toute guérison, que cela se produise consciemment ou inconsciemment chez le patient.

5- Quid du contrôle des émotions

A l'âge adulte nous vivons parfois des tourmentes émotionnelles, ou au contraire une absence totale d'émotions, qui mettent en lumière les blessures que nous avons vécues dans notre enfance. Tout le monde connait une ou plusieurs personnes qui vivent une hyper-expression de leurs émotions, elles passent facilement pour des « hystériques », des « colériques », des « hyperactifs », à minima pour des « hypersensibles ». A contrario il existe des personnes qui arrivent à un stade où elles ont l'impression de ne plus vivre d'émotions. Elles passent alors pour des personnes « froides », « insensibles » ou « déprimées ».
Ces deux comportements déséquilibrés proviennent de blessures survenues dans l'enfance qui n'ont pas été guéries. Selon la personnalité et l'histoire propres à chacun, certains ont tendance à réagir excessivement et d'autres passivement. Certains peuvent adopter les deux comportements successivement, voire les alterner. Par exemple après s'être fait « tyrannisés » par leurs émotions, ils choisissent alors de les contrôler à l'extrême et s'enferment dans une tour d'ivoire émotionnelle. L'hypo-expression et l'hyper-expression émotionnelle sont des stratégies de défense que l'on met en place lorsque l'on est dépassé par ses émotions car l'on n'a pas appris à les réguler.

5-1. L'hyper-expression émotionnelle

Dans ce cas de figure, les émotions sont exprimées intensément par la personne. Dans un mouvement d'identification totale à ses émotions, elle s'embrase lorsqu'elle ressent de la colère, s'effondre lorsqu'elle ressent de la tristesse, panique ou est tétanisée par sa peur, etc. La personne ne fait pas de distinction entre elle et ses émotions. Elle pense qu'elle **est** l'émotion. Elle ne prend pas conscience des mécanismes de pensée, des schémas émotionnels qui la gouvernent et la font réagir. On parle parfois d' « écorché-vif » pour désigner les personnes qui expriment leurs émotions de la sorte. La personne en hyper-expression émotionnelle n'a pas de filtre entre ce qu'elle vit, ce qu'elle pense et ce qu'elle ressent. Elle vit ses émotions à « fleur de peau ». Une situation, dans la mesure où elle met en scène des expériences qui lui font revivre des émotions douloureuses de l'enfance, peut déclencher une hyper-expression des émotions : des pleurs, des cris, des symptômes physiques, des tremblements, etc.

Suite à ces débordements émotionnels, la personne se sent en général mieux mais ce bien-être est de courte durée surtout quand elle prend conscience du tort qu'elle cause aux autres et à elle-même. S'ensuivent souvent de douloureuses périodes de culpabilisation qui ne font que dégrader un peu plus l'estime personnelle.

Les personnes qui ont vécu des enfances difficiles, empreintes de violences physiques ou verbales des parents entre eux ou envers elles, ont du mettre en place des stratégies de défense pour y faire face, outre les dommages qu'a subi leur cerveau émotionnel. Devant l'imprévisibilité et l'incertitude de son entourage, l'enfant peut être amené à sur développer son cerveau entérique, ou autrement dit son centre énergétique de captation des émotions de l'autre : le chakra du plexus solaire. Ce centre, comme nous l'avons vu, est au niveau énergétique le centre de la volonté, du contrôle de soi, du pouvoir personnel. Afin de capter les émotions de son entourage et de prévenir la violence environnante, l'enfant affine ses perceptions au niveau de ce chakra et devient avec le temps une véritable éponge, ne sachant parfois plus faire la distinction entre ses émotions et celles des autres. Ce sont ces fameux « empathes » décrits dans certains articles qui fleurissent sur le web. Le propre des personnes hypersensibles est d'avoir surdéveloppé, souvent par instinct de survie, une capacité à ressentir les émotions des autres. Sauf que cette capacité à ressentir se transforme souvent en contagion voire envahissement émotionnel si elle n'est pas régulée par les autres centres nerveux et/ou énergétiques. Tout le contraire de l'empathie donc qui est la capacité à ressentir le vécu de l'autre sans se faire polluer.

Mais si l'on se laisse gouverner par ses émotions et celles des autres, en ne prenant pas de recul sur nos expériences, notre vie peut devenir cauchemardesque. Il est d'ailleurs facile de devenir paranoïaque. Dans ces cas-là une goutte d'eau prend la proportion d'un raz de marée et peut fausser la perception de la réalité. Ainsi l'émotion, qui est à la base une information qui permet de donner du sens à ce que l'on vit, se transforme en parasite et déforme le vécu de la personne en amplifiant par exemple le message. Une peur de l'abandon peut transformer un sentiment d'insécurité passager en une crise de jalousie maladive. Je prends l'exemple d'une femme âgée de 50 ans, Katia, qui avait vécu de multiples blessures de trahison, d'abandon et d'humiliation dans l'enfance. N'ayant jamais fait de travail personnel, elle était devenue profondément jalouse. Il suffisait que son mari sorte promener le chien pendant une heure pour qu'elle le suspecte de la tromper avec une voisine, d'aller passer du bon temps avec des prostituées ou toute autre histoire de la sorte. Cela donnait lieu à des scandales de plus en plus effroyables où elle criait sur son mari prenait à parti des amis, leurs enfants, la famille, le voisinage. Elle allait jusqu'à accuser des voisines qui avaient eu le malheur d'échanger trois mots avec lui. Elle l'humiliait aux yeux de tous. Bref, elle faisait vivre un enfer à tout son entourage. Après chaque crise elle semblait aller mieux, jusqu'à la fois d'après. Bien sûr, cet exemple est extrême et concerne le cas d'une personne qui ne se remet absolument pas en question et accuse systématiquement les autres de son malheur. Elle avait été une enfant qui avait souffert de manques affectifs sérieux. En devenant adulte, elle n'avait pas pris conscience de ses manques et des dégâts affectifs qu'ils ont engendrés, pas plus que des émotions non gérées et alimentées par chaque nouvelle crise. Elle avait une perception complètement faussée de la réalité, teintée par ses expériences d'enfant et elle tyrannisait son entourage. Cet exemple est loin d'être générique et ne dépeint pas le « comportement type » d'une personne en hyper-expression émotionnelle. Toutefois il illustre bien le mécanisme des schémas émotionnels et des stratégies de défense mis en place pendant l'enfance qui, s'ils ne sont pas revisités à l'âge adulte, peuvent être lourdement handicapants. Ces réactions disproportionnées sont sources de souffrances pour la personne et peuvent conduire à des maladies comme l'hyperthyroïdie, affection typique des hyper-expressifs.

5-2. L'hypo-expression émotionnelle

A contrario, l'hypo-expression émotionnelle caractérise des individus qui n'expriment pas ou très peu leurs émotions dans la vie de tous les jours. Confrontés à des situations qui font ressurgir des émotions du passé, ces personnes décident consciemment ou non de taire leurs émotions. Cela peut concerner des personnes qui ont été bridées, voire même « dressées » dans leur enfance pour ne pas faire de vagues. L'émotion de l'enfant menaçant le pseudo-équilibre émotionnel du parent, ce dernier a tendance à éduquer son enfant de manière à ce qu'il ne manifeste pas son intériorité. Effrayé par la peur de perdre l'amour du parent, l'enfant se soumet aux attentes du parent en dominant son expression émotionnelle. Il reste donc complètement désemparé face aux tempêtes émotionnelles qui l'agitent et c'est ainsi qu'il développe la peur de ressentir des émotions. C'est en général un traumatisme qui suscite la peur d'avoir des émotions.
Lorsque des émotions surgissent à nouveau, le réflexe intérieur est alors de verrouiller ce ressenti, de contrôler l'énergie qui monte dans le corps. C'est là-encore qu'intervient le chakra du plexus solaire – centre de la volonté. La volonté est utilisée pour écraser, mettre sous couvercle ce qui ne demande qu'à s'exprimer. La métaphore de la cocotte

minute prend alors tout son sens : sans soupape, c'est l'explosion assurée. Dans un autre cas de figure, un individu peut développer une hypo-expression de ses émotions car il a connu l'hyper-expression et qu'il a été rejeté socialement suite à cela, ou qu'il s'est autocensuré en voyant l'impact de ce déséquilibre. Il en résulte alors un comportement d'isolement, de froideur ou d'apathie. L'individu a tendance à fuir toute situation ou tout contexte pouvant générer des émotions. Il se mure parfois dans le silence, affiche un masque froid, insensible à ce qui se passe autour de lui. Enfermé dans une tour d'ivoire, à l'abri de tout stimulus, sa vie devient vite terne, sans relief et sa carapace se transforme en prison. Il n'a plus de désir, plus de sensation, donc plus de plaisir et certaines personnes sombrent dans la dépression. Une partie de ma patientèle vient me consulter pour cette raison, elle ne sait plus comment faire marche arrière pour redevenir vivant et complet. L'hypo-expression des émotions entraine souvent des comportements addictifs qui sont autant de stratégies d'évitement des émotions. La surconsommation de nourriture, tabac, alcool, drogues, jeux, sorties, permet de « ravaler » ses émotions plutôt que de les exprimer.

Dans les deux cas, hypo- ou hyper-expression émotionnelle, l'individu n'est pas en phase avec ses émotions et n'est donc plus connecté à sa boussole intérieure ; il lui manque de précieuses informations pour décrypter sa vie et en être l'acteur principal. Le **contrôle des émotions n'est donc pas quelque chose qu'il faut rechercher car toute émotion non vécue et refoulée trouvera le moyen de s'exprimer** un jour ou l'autre. Et plus elle sera refoulée, plus ses manifestations seront impressionnantes. A contrario **il ne s'agit pas non plus de s'installer dans l'émotion** et de croire que cette sensation durera toujours. C'est ce qu'il se passe quand on croit que nous sommes l'émotion car nous nous sentons envahis par elle. Le juste positionnement est de **prendre conscience de nos émotions et de les accueillir avec bienveillance**. C'est ce que mon expérience personnelle m'a prouvé et ensuite l'accompagnement de centaines de personnes. Les émotions sont inéluctables, c'est elles qui nous rendent humain, vivant. C'est grâce à elles que l'on peut prendre conscience de qui l'on est, de ce qui est bon pour nous et de ce qu'il nous faut rectifier dans notre vie. Si les émotions sont là c'est pour nous guider dans notre chemin d'évolution personnelle. Nous n'avons pas à les juger bonnes ou mauvaises, elles sont toutes au plus agréables ou désagréables à ressentir sur le moment. Dans tous les cas, quand nous les avons exprimées, nous nous sentons toujours mieux car elles permettent de libérer les tensions de notre corps. Cela permet aussi d'éviter leur cristallisation et le développement de bulles émotionnelles, véritables blocages énergétiques. Les émotions ne durent pas si on ne les retient pas et si on ne les entretient pas avec des pensées.

CE QUE L'ON PEUT RETENIR

Voici une proposition des points qui me paraissent importants à retenir dans ce chapitre :

- L'émotion est un résultat complexe de messages chimiques et électriques, émis et plus ou moins bien régulé par nos deux cerveaux, le cerveau crânien et le cerveau entérique.

- Le cerveau émotionnel est totalement immature jusqu'à l'âge de 5-6 ans, il se développe pendant l'enfance et l'adolescence. Il devient mature entre 20 et 30 ans. Il peut subir des retards de développement si l'environnement ou la vie affective génère de l'insécurité chez l'enfant.

- Il existe 5 émotions primaires : la joie, la colère, le dégoût, la tristesse et la colère.

- Les émotions sont des messagères, elles nous permettent de nous positionner dans les situations que nous vivons. Plus ce que nous vivons est en accord avec nous-mêmes, plus l'émotion est agréable et vice versa.

- L'émotion est une énergie qui nous pousse à nous mettre en mouvement lorsque, nos besoins, désirs ou envies ne sont pas satisfaits.

- Si les émotions sont mal vécues, elles peuvent être source de disfonctionnements corporels voire de pathologies, car les émotions sont la traduction sensitive de nos pensées dans notre corps.
- Lorsqu'on n'a pas appris à gérer ses émotions on peut développer une hyper-expression ou une hypo-expression émotionnelle.

- S'installer dans l'émotion ou la nier peut devenir problématique. Dans les deux cas, cela entraine des comportements déséquilibrés, tyranniques ou soumis, et peut générer des stratégies de compensation comme les addictions.

- L'individu n'est alors plus en phase avec ses émotions et n'est donc plus connecté à sa boussole intérieure ; il lui manque de précieuses informations pour décrypter sa vie et en être l'acteur principal.

- Il ne s'agit pas de se contrôler ni de se fondre dans l'émotion, mais de l'accueillir avec bienveillance quand elle se présente. Les émotions ne durent pas si on ne les retient pas.

Chapitre 4

Ces pensées qui m'habitent et ces croyances qui me gouvernent

« Vous êtes aujourd'hui là où vos pensées d'hier vous ont mené et vous serez demain là ou vous mèneront celles d'aujourd'hui. »
James Allen

"Votre pire ennemi ne peut pas vous faire du mal autant que vos propres pensées. »
Bouddha

Nous générons en moyenne près de 60 000 pensées par jour, imaginons ce que cela peut représenter dans toute une vie : environ 80 000 000 000 ! Comme nous l'avons vu dans le chapitre précédent, nos pensées sont à l'origine de nos émotions. Si l'on veut comprendre, voire réguler nos émotions, il est donc utile de se pencher sur le mécanisme de nos pensées.
Biologiquement, une pensée tout comme une émotion est un ensemble de réponses chimiques et neuronales qui crée un patron (pattern) distinct.
L'origine des pensées ne fait pas l'unanimité selon les disciplines - la philosophie, les neurosciences, ou la psychologie - qui s'attachent à les décrypter. Une fois de plus, j'évoquerai ici mes observations, mes intuitions et les différentes traditions qui ont fait du sens pour moi et avec respect je renverrai le lecteur à sa propre expérience.
La première chose à comprendre c'est que nos pensées créent notre réalité et construisent notre vision du monde

toujours dans cette logique énergétique où le subtil préexiste puis s'inscrit dans la matière.

    Au gré de mon cheminement intérieur, je remarquais plusieurs types de pensées qui me traversaient. Les pensées agréables, désagréables et les pensées neutres. Je classais grossièrement toutes les pensées qui me procuraient de la joie dans les pensées positives, du type « je vais regarder un bon film », « j'ai envie de peindre un tableau », « ce projet va marcher », « il m'aime », etc. Et je cataloguais toutes celles qui me procuraient des émotions désagréables (peur, colère, dégoût, tristesse) dans les pensées négatives, du type « je ne devrais pas aller là-bas, je ne sais pas ce que je vais y trouver », « encore les mêmes horreurs, le monde court à sa perte », « elle se moque de moi, ça fait quatre fois que je lui répète la même chose ! », etc. Puis il y avait les pensées « neutres » du type : « je vais chercher le courrier à la boite à lettres », « je vais prendre ma douche », « le chat miaule, il veut sortir » etc.
Je ne crois pas exagérer en affirmant que nous avons quasi tous repéré ces catégories de pensée. J'avais pris conscience également qu'une pensée positive pour moi pouvait être négative pour quelqu'un d'autre. Pareillement, les pensées neutres pour moi ne l'étaient pas forcément pour quelqu'un d'autre. Et selon le contexte, mes pensées neutres pouvaient également évoluer en pensées positives ou négatives. J'aime bien prendre l'exemple de la boite à lettres. Si j'ai une attente quant au contenu de ma boite à lettres – une lettre d'amour ou une facture, la pensée d'y aller peut déclencher une émotion agréable ou désagréable. Pareil pour la douche, selon si je prends du plaisir à me laver ou si c'est une corvée.
Plus tard j'ai entendu parler du *Secret*[31] et je me suis intéressée à la loi d'attraction (cf. Préambule). Cette loi

---

[31] Cf. *Le Secret*, Rhonda Byrne, 2006.

universelle veut que ce à quoi nous pensons le plus, ou ce sur quoi nous nous concentrons le plus, se manifeste dans notre vie. J'essayai alors de modifier ma façon de penser pour créer ma vie et ma réalité. Je ne décidai de garder que les pensées positives, constructrices, utiles pour me construire une vie sur mesure. J'avoue que la méthode du Secret - se concentrer uniquement sur ce que l'on veut voir se manifester dans vie - marcha un certain temps et me fit accomplir de belles choses, du moins je le croyais au début. Ainsi j'ai trouvé un partenaire pour fonder une famille, un job dans la structure de mes rêves, et j'ai même pu m'acheter une petite maison. Toutefois, cette méthode était énergivore car il me fallait lutter contre une partie importante de moi-même - mes pensées négatives et mes émotions. Puis comme avec toute méthode qui m'était extérieure et partielle, je développais peu à peu des résistances. Chassez le naturel, il revient au galop ! Et puis avec le temps, je me suis rendue compte que j'attirais par mes pensées des choses qui n'étaient pas forcément bonnes pour moi. Le fait de vouloir les contrôler m'amenait à vouloir contrôler ma vie au lieu de faire confiance à mon Moi supérieur et donc faire confiance à ce que la vie avait de bon à me proposer. Le job de mes rêves se transforma en calvaire, le couple idéal que je croyais former avec mon partenaire se révéla être un désastre et je vécus de tristes épisodes dans la maison que je croyais être un havre de paix. La pensée positive créatrice avait donc ses limites. Suite à ces différentes crises de vie, je repris donc avec acuité l'observation de mes pensées, notamment en intensifiant ma pratique de la méditation. Je passais de longues heures à regarder défiler mes pensées et en vint à étudier leur mécanisme et leur articulation.

1- Les pensées *vs* les idées

En avançant un peu plus dans mon introspection et en enrichissant mes observations par certains articles de Lucile

Houssin[32], je finis par remarquer qu'à la racine de mes pensées il y avait très souvent une idée et que c'est cette idée qui provoquait des pensées et qui généraient ensuite une ou plusieurs émotions. Quelle révolution ! En voilà une idée !! Parfois aussi c'était des évènements extérieurs qui suscitaient ces idées. Avec le temps je me suis rendue compte que ce que je considérais comme des pensées neutres étaient en fait des idées ; et ce qui prenait une couleur émotionnelle, une connotation positive ou négative, était des pensées, c'est-à-dire une production intellectuelle que je construisais autour de l'idée d'origine. C'est ainsi que je pris conscience que mes pensées prenaient toujours leur source dans mon expérience passée.

Je reprends mon exemple d'aller chercher le courrier à la boite à lettres. L'idée qui me vient est neutre : « et si j'allais chercher le courrier ». Par contre la (es) pensée(s) que je fabrique à partir de cette idée ne l'est/sont pas. Dans le cas où je me suis commandé une jolie paire de chaussures et que j'attends de la recevoir, je peux être excitée, joyeuse à l'idée d'aller chercher un colis. Mais si je pense que cela fait bientôt un trimestre que j'ai reçu la dernière facture d'électricité, que nous sommes en plein hiver, et que je dois bientôt recevoir la prochaine, alors j'ai une certaine appréhension qui monte. En fonction de ces pensées je décide ou non d'aller chercher le courrier tout de suite, ou plus tard. Par contre si je n'ai pas d'attente sur ce que je vais trouver dans ma boite à lettres, si je ne nourris pas de pensées, alors l'expérience devient neutre et ouvre le champ des possibles.

Les pensées sont des représentations et des interprétations de la réalité. Elles se forment en fonction de nos connaissances, de nos expériences passées ou de nos croyances. Nous traduisons toutes nos expériences via notre paire de lunettes, autrement dit, nos conditionnements. L'idée

---

[32] Cf. www.lulumineuse.com

provient, elle, de notre Moi supérieur, elle provient du mental supérieur ou des Hautes instances de nous-mêmes.

D'un point de vue énergétique, contrairement à la pensée qui prend forme dans le corps mental, l'idée prend forme dans le corps spirituel. Elle est donc plus subtile que la pensée. Les pensées ont une existence énergétique propre et palpable et prennent leur source dans le mental inférieur. Le mental inférieur est principalement géré par le troisième chakra, siège de l'ego, donc principalement des peurs, de la volonté, du pouvoir. Pour mémoire, nous avons besoin d'un corps mental pour penser, mémoriser, analyser, synthétiser, organiser et visualiser ce que nous voulons vivre comme expérience. Notre corps émotionnel nous sert à désirer, sentir ce que nous voulons, créant ainsi une énergie magnétique autour de nous pour attirer les éléments nécessaires à la manifestation de ce désir. Et c'est à travers notre corps physique que nous manifestons nos choix conscients ou inconscients, que nous créons, que nous agissons.

L'idée, elle, est en lien avec la somme de toutes les expériences de notre âme et nous est transmise par notre esprit. Si l'on conçoit que notre âme n'en est pas à sa première incarnation, alors vous pouvez imaginer combien certaines idées viennent de loin. Il y a les grandes et les petites idées. Les idées qui permettent de bâtir une cathédrale et les idées qui donnent envie d'aller relever son courrier. Mais toutes viennent de l'Esprit ou du Moi supérieur selon le terme préféré. Distinguer les pensées des idées demande une certaine attention. On peut repérer l'idée car elle est souvent préalable à la pensée. Elle n'a pas de charge émotive quand elle jaillit, contrairement aux pensées. Elle est aussi celle qui revient en tête plusieurs fois - à distinguer des pensées que l'on ressasse, qui sont répétitives et souvent désagréables. Les pensées nous servent à analyser les idées via le filtre de notre expérience, autrement dit de notre mémoire. Ce sont les pensées qui vont déterminer si nous passons à l'acte ou pas.

Selon moi il est important de distinguer la pensée de l'idée, ou encore l'intellect de l'idéation.

2- Les pensées et la mémoire

Les pensées ont donc majoritairement leur source dans la mémoire, notamment dans la mémoire émotionnelle, selon ce que des neurologues[33] et certains philosophes s'accordent à dire. Et lorsque l'on s'applique à l'observation de ses pensées via une pratique méditative par exemple, on en devient convaincu également. La majorité de nos pensées est issue de notre mémoire. Elle nait de l'accumulation des mémoires provenant de notre expérience directe ou indirecte, consciente ou inconsciente. « La pensée est le passé, elle est toujours vieille » disait J. Krishnamurti[34]. Ce sont nos plaisirs et nos douleurs qui s'impriment en nous et forment un réservoir où viennent s'alimenter nos pensées. La mémoire est constituée de tous les stimuli sensoriels agréables et désagréables éprouvés dans notre vie. Ainsi tous nos sens, la vue, l'ouïe, le toucher, le goût et l'odorat, sont des portes pour l'information. En l'état des connaissances scientifiques actuelles, la mémoire olfactive semble être la plus archaïque, la plus inconsciente, elle est celle qui résiste le mieux dans le temps et est donc la plus fiable. Elle enregistre tout le vécu émotionnel associé.
Des chercheurs de l'équipe de médecine de l'Université d'Atlanta ont récemment démontré que des informations peuvent être héritées via des réactions chimiques qui se produisent dans l'ADN. Ainsi nos ancêtres ont pu nous transmettre leurs expériences acquises en contexte stressant. C'est ce que l'on nomme la mémoire transgénérationnelle. Nous sommes donc dépositaires d'une mémoire plurielle, la « nôtre », celle de nos ancêtres, mais aussi la mémoire

---

[33] Cf. les travaux d'Antonio Damasio, de Francis Eustache.
[34] In *Se libérer du connu*, Jiddu Krishnamurti, 1969.

collective, sans parler de la mémoire karmique – des vies passées, si l'on valide l'idée de la réincarnation.

La neurogénèse est la fabrication de nouveaux neurones par le cerveau tout au long de la vie. Ce processus de renouvellement de nos neurones nous donne entre autres la capacité de nous enrichir et de sortir de l'ornière des mécanismes mémoriels alimentant nos pensées. Pour que la neurogénèse s'opère dans de bonnes conditions, il faut bien sûr privilégier un mode de vie sain, avec le moins de stress possible, une alimentation équilibrée, un environnement varié et confronter ses idées avec celles d'autrui – avoir en quelque sorte une hygiène de pensée.

Il est parfois difficile de devenir conscient de nos pensées car nous ne parvenons pas à mettre en relation nos pensées avec notre passé. Effectivement, nous sommes nombreux à avoir une touche « supra » pour éviter de se souvenir de ce qui nous a fait mal. Ce processus d'oubli involontaire est aussi appelé *refoulement* par Sigmund Freud. Quand la charge émotionnelle impliquée dans une situation dépasse nos possibilités d'intégration, nous mettons en place un système de refoulement pour protéger notre moi. Ce système a pour objectif de fermer les portes afin que la souffrance ne remonte pas à la conscience. Il est aidé en cela par des agents chimiques qui nous rendent inconscients : les neurotransmetteurs de l'inhibition, des opiacés que fabrique notre organisme. Plus la souffrance est forte, plus les substances déclenchant la fermeture des portes sont abondantes. C'est dans ces cas-là que lorsque notre thérapeute nous interroge la première fois sur notre enfance nous lui répondons : « ah non, moi j'ai eu une enfance absolument normale, heureuse », alors que des symptômes psychiques ou physiques surgissent dans notre vie et viennent dire tout le contraire. Le refoulement se met en place dans l'enfance comme mécanisme de défense. Cependant, force est de constater que notre processus de mémorisation ne fait pas dans la dentelle. Ainsi, si on a tendance à vouloir oublier ce qui nous fait mal, notre cerveau lui, ne fait pas le tri et prend l'habitude d'enterrer certains souvenirs de manière aléatoire. Et si, à l'âge adulte, une démarche thérapeutique ou de développement personnel n'est pas entreprise, le mécanisme de refoulement peut dégénérer en symptômes variés et parfois même en trouble chronique. D'ailleurs, les problèmes de mémoire et les maladies dégénératives qui touchent la mémoire - type maladie d'Alzheimer, démence sénile - proviennent bien souvent de notre propension inconsciente à vouloir oublier les mauvais souvenirs.

S'il y a eu refoulement, il faut alors entreprendre un travail d'enquête et d'excavation de ses souvenirs infantiles pour parvenir à comprendre certains schémas de pensée. Par exemple, la plupart d'entre nous nourrissons des pensées négatives sur nous-mêmes, du type « c'est nul ce que je fais », « je suis bête », « je n'y arriverai pas ». Pour en comprendre l'origine, nous avons besoin de remonter dans nos souvenirs d'enfance, lorsqu'un de nos parents ou les deux, ou une institutrice, ou un adulte repère, ou un grand frère nous critiquait, nous décourageait, nous humiliait, ou ne croyait pas en nous. Ce type de pensée s'origine dans une croyance qui appartenait à quelqu'un d'autre, qui nous l'a inculqué et que nous avons accepté comme vérité. Revisiter sa mémoire, c'est non seulement revisiter son vécu mais aussi les croyances que l'on a placées en nous et celles que nous avons adoptées. A l'âge adulte, nous avons la possibilité de continuer à entretenir ce type de pensées ou au contraire d'en changer. Et pour en changer, il faut en prendre conscience.

3- Les pensées et les croyances

Croire veut dire « tenir pour vrai ». Les croyances sont donc des opinions et des pensées que l'on considère comme des vérités. D'après certains psychologues (Freud, Winnicott) la majorité de nos croyances inconscientes se formeraient dans la petite enfance. Les croyances puisent leur origine dans des expériences que nous avons vécues, dans l'éducation que nous avons reçue, dans les enseignements que nous avons suivis, entre autres. Elles peuvent être collectives ou individuelles. Une croyance individuelle est une conclusion qui a été tirée suite à une expérience vécue dont on a été acteur ou spectateur et qui a eu un impact sur nous. C'est un jugement sur ce qui est bien pour soi ou non. Les croyances collectives sont inculquées par le collectif, la famille, la communauté ou la société. A force de répétitions, orchestrées consciemment ou non, nous adoptons certaines opinions, certaines valeurs. Nous sélectionnons ces croyances, poussés par nos besoins d'amour, de reconnaissance ou encore d'appartenance. Pour être comme tout le monde, pour ne pas être exclu, pour être aimé, « nous donnons notre accord à l'information qui nous est transmise sur le rêve de la planète » par exemple, explique Don Miguel Ruiz[35]. En fin de compte nous adhérons aux croyances collectives pour survivre. Comme Aristote l'avait déjà repéré en son temps, l'homme est un animal social, sans les autres il n'est rien.

Parfois il arrive que des croyances individuelles s'opposent à des croyances collectives créant ainsi des conflits internes. Il arrive aussi qu'au cours de la croissance différentes croyances individuelles s'affrontent, créant des clivages au niveau de la personnalité et un sentiment de culpabilité. C'est le cas lorsque par exemple nous sommes en conflit avec nos parents et que nous choisissons de croire l'opposé de ce qui nous a été transmis. Par exemple je me rappelle le cas d'une patiente qui, par rejet de sa mère dominatrice et tyrannique qui exprimait tout ce qui lui passait par la tête sans aucun filtre, avait préféré la croyance qu'une femme devait être douce, dominée et silencieuse. Les deux croyances entre « il faut dire à tout prix » et « ne rien dire du

---

[35] In, *Les quatre accords toltèques.* La voie de la liberté personnelle, 1999.

tout » s'entrechoquaient dans sa tête ; elle souffrait d'hypothyroïdie car elle s'empêchait de dire ce qu'elle avait sur le cœur par peur de ressembler à sa mère.

La théorie du cerveau bayésien[36] du psychologue cognitiviste Stanislas Dehaene soutient que, lorsqu'il nous manque des informations pour comprendre ce que nous vivons, notre cerveau pioche automatiquement dans ses croyances pour donner du sens à ce qu'il vit. Autrement dit, nous produisons des pensées et donnons du sens à ce qui nous entoure à partir de ce que nous connaissons déjà et que nous croyons être vrai. Ce fonctionnement est celui de l'ego ou de la personnalité, c'est-à-dire de la représentation consciente que l'on a de soi-même. L'ego ne fait que reproduire ce qu'il connait. Il se base sur les souvenirs, les mémoires, pour fonder des croyances. L'ego n'est qu'une partie de nous-mêmes, il nous dirige tant que nous ne prenons pas conscience de son existence, tant que nous ne prenons pas conscience que nous sommes constitués de plusieurs composants, de plusieurs dimensions. Pour cela faut-il déjà que nous puissions accepter que nos croyances ne soient pas des certitudes. Si nous les considérons ainsi, elles sont forcément limitantes puisqu'elles nous empêchent de s'ouvrir au nouveau. Certaines sont tellement chevillées au corps que lorsque nous les confrontons à celles des autres, nous ne pouvons nous empêcher de penser que l'autre est dans l'erreur et que nous sommes dans la vérité. Un jour que j'animais des ateliers de philosophie avec des enfants de 7 ans, les enfants étaient en train de débattre sur le thème de la mort. L'un d'eux - musulman de confession - expliquait qu'après la mort on pouvait aller soit en enfer, soit au paradis, et il décrivait la vision qu'il avait du paradis où on lui apporterait mille mets délicieux sur des plateaux en or. Une petite fille intervint en décrivant une autre vision du paradis.

---

[36] Cf. le théorème de Bayes, un résultat de base en théorie des probabilités.

Le premier lui coupa la parole et lui demanda si elle était « française » (sous-entendu non musulmane). Elle lui répondit par l'affirmative. Et le petit garçon de rétorquer que de toute façon elle n'irait jamais au paradis car il n'était réservé qu'aux « Marocains » (sous entendu de confession musulmane). La petite fit mine de pleurer et finit par éclater de rire. Nous avons débriefé sur ce qui venait de se passer. J'ai fait prendre conscience au garçon qu'il répétait quelque chose qu'il avait entendu, pas quelque chose qu'il avait vécu. Puis je leur ai fait prendre conscience qu'ils avaient tous les deux des croyances différentes et nous avons défini ensemble ce qu'était une croyance. Mais il leur était difficile de les remettre en cause. L'âge y était pour quelque chose dans ce cas, mais je me rappelle lors des Cafés philo que j'ai animés avec des adultes, combien il pouvait être compliqué de questionner ses croyances. Certaines personnes ont besoin plus que d'autres de se construire sur des certitudes.

Sur le plan énergétique, les croyances fondamentales d'un individu alimentent des pensées répétitives, le tout constituant des formes pensées comme nous l'avons vu dans le premier chapitre. Certaines formes pensées sont bénéfiques pendant un temps car elles sont alimentées par un instinct de survie ; par exemple, « si je crie ma colère, je prends un coup », ou « si je pleure, j'obtiens ce que je veux ». Mais avec le temps, ces formes pensées finissent par nous nuire. Ainsi avec le temps, le « je n'ai pas le droit de me mettre en colère sans courir un danger » m'empêche de fixer des limites, de défendre mon territoire, ou encore d'affirmer mes besoins. Pareillement, le « j'obtiens ce que je veux en pleurant » peut m'amener à me considérer comme une victime et à confondre ma colère avec de la tristesse. C'est pour cela qu'il est fondamental de prendre conscience de nos croyances, surtout quand elles ne nous conviennent plus, pour en changer et en adopter de nouvelles qui soient bénéfiques.

FOCUS SUR L'EFFET PLACEBO vs NOCEBO

L'effet *placebo* est typiquement l'illustration de la force de nos croyances et de leur rôle moteur dans nos actions : je prends une pilule pour la maladie dont je suis atteint et je vais de mieux en mieux jusqu'à guérir. Puis j'apprends que j'ai en fait avalé une simple pastille de sucre au lieu du remède. Je réalise que c'est ma force de conviction qui m'a guéri, la croyance que le remède allait agir. Des études sur l'effet *placebo*[37] démontrent qu'il y a parfois autant de guérison avec des médicaments *placebo* que de vrais médicaments. Dans cet ordre d'idée, il nous faut aussi réaliser la force de ce que certains ont appelé l'effet « *nocebo* », c'est-à-dire l'impact des croyances ou des pensées négatives. Les pensées positives peuvent nous guérir, mais les pensées négatives peuvent nous rendre malade. Elles ont toutes deux une force, une énergie créatrice, même si je reste persuadée que les pensées positives sont plus puissantes. Ainsi, ce n'est pas une pensée négative isolée qui nous rendra malade. Ce sont plutôt des pensées récurrentes. Tout comme à chaque fois que vous prenez votre médicament *placebo*, c'est le nombre de fois que vous vous dites « je me soigne, je guéris » qui agit. L'effet *nocebo* explique aussi pourquoi certaines personnes ne guérissent pas ou rechutent malgré les médicaments absorbés.

4- Renoncer à ses croyances, changer ses pensées

La pensée peut nous jouer des tours car elle peut inventer des choses qui n'existent pas, ou qui sont biaisée par notre expérience passée et nos croyances. Les croyances structurent profondément notre vision du monde. Remettre en

---

[37] Olivier Blond, « Les miracles de l'effet placebo défient la science » [archive], sur lesechos.fr, 2001.
Et *L'effet placebo. Un voyage à la frontière du corps et de l'esprit.* Ivan O. Godfroid, 2003.

cause nos croyances est parfois trop menaçant car cela remet en question notre propre structure. Les sciences cognitives ont étudié ce phénomène. Le psychologue américain Léon Festinger a décrit, dans *Quand la prophétie échoue* (1956), ce qui est arrivé à une secte vouant un culte aux ovnis après que le vaisseau-mère extraterrestre attendu ne soit pas arrivé à l'heure annoncée. Au lieu d'admettre leur erreur, « les membres du groupe ont cherché frénétiquement à convaincre le monde de leurs croyances », et ils ont fait « une série de tentatives désespérées pour effacer cette dissonance entre leur croyance et la réalité en faisant de nouvelles prédictions après la prophétie initiale, dans l'espoir que l'une finirait par être la bonne ». Festinger a qualifié cet état de « dissonance cognitive », une tension inconfortable qui survient lorsque l'on considère deux idées contradictoires simultanément. Pour réduire cette dissonance cognitive et ne pas voir s'effondrer son système de croyances, on a parfois tendance à déformer et sélectionner les faits pour les adapter à nos croyances préexistantes. Ce qui ne nous facilite pas la tâche en matière de renoncement à nos croyances. Nos croyances sont d'autant plus fermement enracinées qu'elles sont couplées à des pensées récurrentes et à des émotions vives (positives ou négatives).

J'aimerais aborder maintenant la pensée positive dont on a souvent parlé de l'efficacité, des dizaines d'ouvrages ayant été écrits sur le sujet. Basée sur la loi d'attraction, la pratique de la pensée positive consiste à se concentrer sur la puissance de ses pensées, ce qui aurait pour effet de transformer sa réalité. Ce n'est pas faux puisque nos pensées ont le pouvoir de créer notre réalité. Mais ce n'est pas en isolant un aspect du tout que l'on peut agir sur le tout. Pensées, croyances, émotions, tout est lié. Et la loi d'attraction n'est pas la seule loi, il y a de multiples lois universelles qui fonctionnent ensemble : la loi de cause à effet, la loi du libre arbitre, etc. On ne peut affirmer vouloir changer sa vie en changeant seulement sa façon de penser. Ainsi, on aura beau penser qu'on va devenir riche, peu importe la méthode utilisée, par visualisation positive, par répétition de phrases clé, par affirmation positive que la richesse est déjà obtenue (au présent, au passé, au futur, etc.), si on est habité par la peur de manquer, on ne le deviendra pas. On ne peut pas nier la réalité de ce que l'on est, la totalité de notre être. On peut toujours rejeter nos émotions, nos pensées négatives mais tôt ou tard elles refont surface. C'est la fameuse image de l'autocuiseur, on peut toujours mettre le couvercle sur ce que l'on refuse de voir, mais le jour où la soupape n'agit plus c'est la cocotte qui explose ! Et la pression est d'autant plus importante si beaucoup a été contenu.

Chose plus embêtante, à chaque fois que nous nous efforçons de penser positif, la négativité augmente. Je m'explique, lorsque nous nions nos vrais sentiments, le message que nous envoyons à une partie de nous-mêmes est que nous sommes quelqu'un de mauvais ; nous nous considérons comme une ombre, comme inadapté. Nous construisons un clivage, un mur interne, et notre psyché se divise. Lorsque nous traçons en nous une limite entre ce qui est acceptable et ce qu'il ne l'est pas, il y a donc une partie de ce que nous sommes qui est donc indésirable ! Nous passons notre temps à fuir cette partie de nous-mêmes au lieu de faire la paix avec. C'est une pratique épuisante qui peut mener à la maladie, à la dépression et à l'angoisse.

Alors encore une fois, pour pouvoir changer ses pensées et ses croyances, la première étape est d'en prendre conscience, de les observer, d'en comprendre les ramifications et les articulations et de les accueillir. Il est également important de ne pas se juger d'avoir certaines croyances devenues désuètes ou limitantes car à l'époque où nous les avons adoptées, c'étaient les meilleures pour nous. Privilégions donc une pratique d'attention et d'accueil de qui nous sommes dans notre intégralité.

5- Hyper mentalisation et doutes

Le fait de faire corps avec nos pensées, autrement dénommées notre mental, peut nous conduire à en être victime. A ce moment nous tombons dans l'hyper mentalisation ou les doutes, deux travers qui nous handicapent sérieusement et concernent de nombreuses personnes.
Je reçois très régulièrement des patients souffrant d'anxiété, « j'ai le petit vélo qui n'arrête pas de pédaler dans ma tête » entends-je souvent. Ils ne parviennent pas à faire taire leurs pensées ou à sortir de schémas de fonctionnement mentaux vicieux : pensées = émotions négatives = plus de pensées = plus d'émotions négatives = perte d'énergie. Ces patients viennent me voir souvent épuisés et en proie à un fort sentiment d'impuissance. Ils connaissent des troubles du sommeil, voire d'autres troubles physiques souvent situés au niveau gastrique, et se font du souci pour tout et n'importe quoi. Ils vivent parfois dans les regrets, donc dans le passé, ou se font du souci pour l'avenir, parfois les deux. Autant dire qu'il n'y a personne dans l'instant présent, donc personne pour vivre et créer sa vie.
La personne en proie à une hyper mentalisation s'est fait happer par son mental. Ce dernier règne en maître et régente sa vie, alors qu'il est normalement conçu pour être un outil opérationnel. Le mental, je fais référence aux pensées, devrait servir l'individu et non pas l'asservir. C'est un mécanisme merveilleux pouvant nous servir à organiser notre vie et à raisonner comme on l'a vu plus haut. Par contre il ne devrait pas être omnipotent. Tout comme les autres parties de nous, il est une des facettes qui nous constitue. Mais celui qui doit gérer notre être tout entier doit être le Moi supérieur relié à l'esprit et au cœur. Pour ceux qui sont hyper mentalisés, je leur rappelle que c'est Eux avec un grand « E » le maître à bord et non pas leur mental, c'est donc eux qui doivent décider *in fine* qui dirige. Il y a de nombreuses techniques

pour mettre en sourdine un mental trop bavard ou trop agité. La méditation en est une très bonne, chacun peut y trouver chaussure à son pied selon qu'il choisit une technique ou une autre : se focaliser sur une pensée unique, sur le vide intérieur, sur la respiration, etc. (voir chapitres suivants).

Etre conscient de nos différentes facettes ne fait pas de nous un déséquilibré, bien au contraire cela nous permet de les accueillir et de les gérer. Les Hautes instances de nous-mêmes sont plus fortes que toutes nos autres facettes, c'est donc à elles de régner à l'intérieur. Sachant cela, nous devons raffermir notre intention et donner l'ordre au mental de nous obéir et de ne plus occuper toute la place. Les voix du cœur et de l'esprit sont plus importantes et doivent avoir un espace de parole pour s'exprimer.
L'autre visage que peut prendre un mental déséquilibré est celui du doute. Je ne fais pas allusion au questionnement essentiel utile à notre remise en question ou à notre sens du discernement. Je parle plutôt de ces questions insidieuses issue de nos peurs qui se faufilent parmi les pensées et nous amènent à perdre confiance en nous, en nos potentiels et parfois même en notre lumière. « Et si tu t'étais trompé ? », « et si ça n'était pas ça, mais plutôt ça ? », etc… Le doute caractérise souvent ceux qui ont déjà commencé un travail d'analyse des pensées. C'est un état qui peut nous plonger dans la confusion, nous faire perdre notre orientation, et occasionner de grandes souffrances, c'est pour cela qu'il est important de ne pas s'y installer.

Les pensées peuvent se jouer de nous et les croyances nous gouverner. Sauf si l'on devient conscient de tous nos comportements, émotions et pensées. Ainsi il y a à mon sens deux façons de prendre conscience de nos pensées et de nos croyances : l'une est l'attention complète au moment présent et l'autre est la philosophie.

La pratique de l'attention à nos pensées nous fait prendre conscience de celles-ci, de leurs articulations, de leurs origines, de leurs mécanismes. On peut alors réaliser combien la pensée peut nous mentir, inventer, ou se servir d'anciennes grilles d'analyse. Ce n'est que lorsque l'on est complètement silencieux intérieurement que l'on peut observer ses pensées. C'est dans ce silence que l'on peut voir comment les pensées prennent forme, évoluent et s'associent. On n'est alors plus dans une dynamique de diriger, de dominer ou de lutter contre. Désormais on les accepte et on les laisse passer sans s'y accrocher.

La philosophie nous permet aussi de prendre conscience de nos pensées et de nos croyances. Elle nous permet de comprendre combien elles prennent majoritairement leur source dans notre vécu. Elle nous permet aussi de les questionner. Dans cette pratique, nous confrontons nos pensées à celles des autres pour tenter de s'approcher le plus près d'une interprétation juste de la réalité. Cela participe à entretenir une saine neurogenèse.

A travers cette hygiène mentale qui n'est pas nouvelle - rien de plus que le « Connais-toi toi-même » de ce bon vieux Socrate - on prend de la distance, on se dés-identifie de nos pensées et nos croyances. Nous ne sommes plus nos pensées, nous avons des pensées. Idem pour les croyances. Et cela nous permet d'avoir un accès plus large aux idées, qui elles, peuvent apporter de la nouveauté, de l'évolution, du progrès, du bien-être. Voilà la théorie, passons maintenant à la pratique.

CE QUE L'ON PEUT RETENIR

Voici une proposition des points qui me paraissent importants à retenir dans ce chapitre :

- Nos pensées sont à l'origine de nos émotions.

- Certaines émotions alimentent nos pensées.

- Nos pensées créent notre réalité. Elles provoquent des émotions, du désir ou de l'aversion, ce qui conduit à faire certains choix et à agir dans la matière.

- Nous avons plusieurs types de pensées, des pensées positives, des pensées négatives et des pensées neutres. Ces pensées neutres sont en fait des idées.

- Les idées émanent de notre Moi supérieur en lien avec notre âme. Les pensées sont des élaborations intellectuelles autour des idées qui surgissent en nous.

- Les pensées sont issues de notre expérience passée. On nourrit des pensées autour d'une idée en fonction de ce qu'on a déjà vécu et on les classe comme bonnes ou mauvaises.

- Nous sommes dépositaires de multiples mémoires, celles issues de notre expérience, de l'éducation que nous avons reçue, de nos parents, de la société, de notre lignée et de nos vies antérieures.
- Il est intéressant pour comprendre nos pensées et nos croyances de chercher leur origine dans notre mémoire. Toutefois notre mémoire nous joue parfois des tours car nous avons refoulé certains souvenirs douloureux par réflexe de survie.

- Les croyances sont des opinions et des pensées que l'on considère comme étant la vérité. Elles ont aussi leur source dans notre vécu. Bien que très structurantes pour l'individu, il doit comprendre que ce ne sont pas des certitudes immuables, sous risque de s'y enfermer.

- Certaines croyances et formes pensées deviennent limitantes avec le temps. Il est alors bon de les abandonner pour en adopter de nouvelles.

- Tout miser sur son mental amène à en être esclave, on parle d'hyper mentalisation.

- Se poser trop de questions sans écouter les réponses (non pas les pensées confuses mais les idées qui jaillissent) peut nous faire tomber dans le doute chronique, un état très inconfortable.

- Deux pratiques pour éviter de coller à nos pensées et nos croyances : 1- optimiser sa neurogenèse, c'est-à-dire avoir une hygiène de vie qui permet au cerveau de renouveler ses connexions neuronales. La philosophie peut aider à garder l'esprit ouvert. 2- Il faut en prendre conscience, les accepter, ne pas les juger, et puis les lâcher si elles ne nous conviennent plus.

Chapitre 5

Ce message qui me pousse à changer

> *"I'll send an SOS to the world*
> *I'll send an SOS to the world*
> *I hope that someone gets my*
> *Message in a bottle"*[38]
> The Police

Les paroles de cette chanson de *The Police* me font imaginer les espoirs secrets du Moi supérieur[39] de certains de mes patients : « est-ce que l'irruption de la maladie, ce message dans une bouteille jetée à la mer, va atteindre un rivage – celui de sa conscience ? Va-t-il comprendre que cette maladie est un signal visant à le faire évoluer ? Comprendra-t-il qu'il a besoin d'aller mettre du pardon là où il y a de la rancœur, qu'il a besoin de panser ses parties qui souffrent de manques, qu'il a besoin de remplacer le non-amour par de l'amour ? »
Aujourd'hui les consciences s'éveillent progressivement à cette réalité de la santé holistique. On ne peut isoler une partie du tout, on ne peut traiter un symptôme en le dissociant du mental, des émotions, parfois de la spiritualité, ni de l'environnement géographique, affectif dans lequel on vit, ou

---

[38] « J'enverrai un SOS au monde (x2), J'espère que quelqu'un trouvera mon message dans une bouteille »
[39] Le *Moi supérieur* ou *soi supérieur* ne correspond pas à l'ego, mais plutôt à une totalité psychique, qui donnerait une idée de l'âme. C'est le *soi* de Jung. Il possède une dimension supplémentaire, universelle. Le soi est conditionné par la « persona », la personnalité sociale, extérieure. Lorsque cette persona prend trop d'importance, l'équilibre de l'individu est rompu, et il perd le contact avec son soi profond. Notre Moi supérieur est l'expression la plus élevée de nous-mêmes, il est la source de sagesse en nous. C'est notre lien avec la Source et notre plus grande connexion avec l'univers.

encore de la nourriture que l'on absorbe. Oui, c'est sur tous les fronts que nous avons encore à évoluer collectivement et individuellement. Il existe plusieurs facteurs déclencheurs qui nous poussent à évoluer. A l'échelle planétaire, la détérioration du système climatique, les épidémies animales, ou les maladies végétales en sont des exemples. A l'échelle individuelle, c'est souvent la maladie qui joue ce rôle. La maladie (mal-a-dit) est un message initiateur de conscience et même plus, une voie de développement personnel.

Bien souvent, nous avons tendance à lutter contre les maladies. Or pour en guérir, le processus doit être l'exact opposé. La première étape pour guérir c'est l'acceptation. La maladie est un message que nous devons déchiffrer. Et avant même cela, nous avons besoin de comprendre l'intention qu'il y a derrière. Pourquoi sommes-nous destinataire de ce message ?

    1- Dialogue

Il m'a été transmis un enseignement précieux lors de ces années de recherche sur les causes de l'apparition des maladies. Je n'ai jamais pu l'invalider, bien qu'il fût à l'époque peu commun, au contraire il s'est même enrichi depuis. Un jour où je réfléchissais dans un état méditatif, je posais la question aux Hautes instances de moi-même : « pourquoi tombons-nous malade ? ».

A cette question qui peut sembler naïve, me vint une réponse des plus étonnantes d'un de mes guides :

- « La maladie est un **message d'amour** émis par votre être profond qui vous pousse à évoluer ».

Mon premier réflexe fut de m'insurger. J'avais souffert dans ma chair de plusieurs affections, dont certaines assez sérieuses et plutôt douloureuses. Je ne pouvais envisager la maladie comme de l'amour. Pour une bonne raison : elle provoque des souffrances et je ne pouvais accepter que l'amour puisse faire souffrir. Il me fut répondu que cela dépendait de ce que l'on faisait de l'amour. On me montra le parallèle avec les relations amoureuses qui pouvaient parfois engendrer autant de souffrance que d'amour si ce n'est plus…

- « Le problème n'est pas le message, ni son intention, c'est ce que vous en faites. La plupart retiennent l'épreuve au lieu de s'attacher à déchiffrer la leçon. Pour la maladie, il en va de même, quand vous vous focalisez sur les symptômes, la gêne, la douleur, vous oubliez les raisons derrière l'affection. C'est comme si vous portiez attention au messager sans vous préoccuper du message ».

J'objectais :

- « Mais pourquoi nous faut-il apprendre dans la souffrance ? ». On me répondit que c'était « un choix que nous avions fait il y a longtemps au cours de notre évolution, mais qu'aujourd'hui nous pouvions décider en conscience de faire différemment ».

Je me doutais de la réponse mais je posais quand même la question : - « Et comment ? »

- « D'une part, en souhaitant tout simplement évoluer dans l'allégresse, la légèreté, car c'est une croyance typiquement judéo-chrétienne d'imaginer que l'on doive apprendre dans la douleur. Et d'autre part, en écoutant attentivement les messages que vous recevez pour vivre au plus près de vous-même. »

- « D'accord. Et en cas de maladie alors ? », demandai-je.

- « Il vous faut aussi écouter le contenu du message de la maladie. Puis éviter de vous focaliser sur l'aspect, la provenance ou l'indésirabilité du messager. Plus vous vous focalisez sur la douleur, sur la gêne, sur les résultats des tests, sur l'aspect de vos maux, sur votre tristesse, plus vous accentuez les symptômes. Vos pensées créent votre réalité. Il ne s'agit pas non plus de nier ce qui vous affecte et de faire comme si ça n'existait pas. Il s'agit **d'accepter le message et de remercier le messager** : les Hautes Instances de vous-même. Et de s'attacher ensuite à comprendre le message.

C'est ce que vous faites avec le facteur. Lui criez-vous dessus parce qu'il vous amène votre courrier, en découvrant une lettre qui vous déplait ? Non, vous répondez à son bonjour et vous le remerciez. Puis dans un deuxième temps, vous ouvrez vos enveloppes et lisez leur contenu puis tentez de faire quelque chose avec le message qu'elles contiennent. C'est la même chose avec la maladie. Cela ne sert à rien de vous mettre en colère contre votre corps, le destin ou la fatalité, ici le messager. Au contraire voyez ce que vous pouvez faire du message qui vous est adressé ».

Lorsque je demandais des précisions sur ces « Hautes Instances de nous-mêmes » qui seraient à l'origine du déclenchement de nos maladies, on me répondit qu'il s'agissait « d'une savante alliance interactive entre le Corps, l'Esprit et l'Âme. Sous l'impulsion de l'Âme qui veut grandir, le Corps physique traduit les déséquilibres présents dans vos différents corps (spirituel, émotionnel, mental et physique) en déclenchant des symptômes physiques. Ces déséquilibres résultent TOUS d'un manque d'amour pour vous-mêmes. L'Esprit, allié du Cœur, souhaite rétablir l'état d'amour à l'intérieur de vous. C'est bien par amour qu'il vous envoie ce message-maladie pour que vous puissiez évoluer vers le mieux-être, vers l'amour ». Cette explication me parut évidente.

Je sortis de ma méditation un peu perplexe mais heureuse car je pouvais sentir la cohérence de cet enseignement. Après cela, il fut plus facile de répondre à la question que me posaient souvent mes patients malades : « Pourquoi ? Pourquoi moi ? ». Puis je pus observer chez moi et chez mes patients que la rémission était bien plus rapide si l'on était dans un état d'acceptation que dans un état de refus. Quelques années plus tard, je reçus en rêve le titre de ce livre et les encouragements pressants qui allaient avec pour me mettre à son écriture.

Si l'intention cachée derrière l'apparition d'une maladie est bien l'amour alors il devient inutile de lutter contre mais bien d'accepter d'être destinataire du message et de le comprendre.

2- Le message

Les chapitres 3 et 4 traitent des rapports entre émotions/pensées/croyances et maladies. Déclencher un symptôme, un malaise, ou une maladie à un endroit précis de notre corps a une signification bien précise. Chaque partie du corps possède une signification symbolique, et si elle est en souffrance, elle traduit un conflit psychique, un déséquilibre interne. Pour rappel, de nombreux auteurs ont collecté et étudié souvent avec une extrême précision la signification de toute une multitude de symptômes[40]. Toutes les maladies ont une raison d'être car elles viennent mettre en lumière quelque chose qui est encore ignoré ou sous-estimé par la conscience, notre ombre, au sens de Carl G. Jung. Paradoxalement, les maladies nous révèlent une voie vers la guérison.

FOCUS SUR L'OMBRE

Pour C.G. Jung, *l'ombre* est un archétype qui représente ce que nous avons refoulé par crainte d'être rejeté par les personnes importantes de notre vie : parents, éducateurs, et d'une façon générale, la communauté dans laquelle nous avons grandi, ou ce que nous ne pouvions assumer car nous étions immatures. Ces parties confinées de nous-même peuvent paraître redoutables ou honteuses. Elles se

---

[40] *Le grand dictionnaire des malaises et des maladies*, de Jacques Martel, *Ecoute ton corps*, de Lise Bourbeau, *Dis-moi où tu as mal, je te dirai pourquoi*, de Michel Odoul, *La Clef vers l'Autolibération - Origines psychologiques de 1000 maladies* de Christiane Beerlandt, *Pour une médecine de l'âme,* de Marguerite De Surany, etc...

manifestent souvent sous forme de jugements, rejets, peurs ou projections, et sont à la base des préjugés sociaux et moraux et de certaines de nos croyances. Pourtant elles sont riches en potentiel si nous apprenons à réunir et pacifier les aspects de soi qui semblent contradictoires. C.G. Jung fait allusion à deux polarités qui nous constituent : l'ombre et la lumière. Il nous dit aussi que « sans émotion, il est impossible de transformer les ténèbres en lumière et l'apathie en mouvement. » (…) « Mettre l'homme en face de son ombre cela veut dire aussi lui montrer sa lumière. Il sait que l'ombre et la lumière font le monde… S'il voit en même temps son ombre et sa lumière, il se voit des deux côtés et ainsi il accède à son milieu. » (cf. C. G. Jung - *Psychologie de l'Inconscient*).

Dans la psychologie de Jung, l'ombre joue un rôle capital. Elle représente tout ce que nous cachons aux autres et à nous-mêmes pour ressembler à un « modèle idéal ». C'est en fait notre partie obscure, le pôle complémentaire, mais négatif, de notre Moi. Au cours de notre vie, cette zone ignorée stocke tous nos actes passés, le refoulement de désirs illicites, tout ce que nous avons entrepris et raté. Et cet amas alimente notre culpabilité et notre amertume. Plus nous l'ignorons, plus elle prend de l'importance. L'ombre ne représente pas forcément le Mal en nous, mais plutôt tout ce qui est primitif, aveugle, inadapté. Elle alimente notre peur. En fait, l'ombre incarne notre inconscient personnel.

La connaissance du concept de l'ombre est un outil d'acceptation qui permet de consolider la confiance en soi, de pratiquer l'ouverture, la bienveillance et la créativité, bases de saines relations. C'est aussi un outil majeur pour comprendre la dynamique de nombre de conflits.

J'ai rassemblé ici quelques généralités sur les différentes parties du corps et la signification symbolique qu'elles possèdent pour aider à la compréhension du message selon sa localisation. Rappelons-nous aussi que

selon si le symptôme est localisé sur le côté droit du corps, il évoque le masculin (père, frère, mari, sphère sociale et professionnelle), s'il est localisé sur la gauche il évoque le féminin (mère, fille, sœur, sphère familiale, affective).
La tête : l'individualité, la relation avec le Transcendant, la sphère mentale.
Les yeux : la capacité à voir
Les oreilles : la capacité à entendre, à (s') écouter.
Le nez : la capacité de sentir ou ressentir les personnes ou les situations, l'instinct.
La bouche (dents et lèvres) : l'ouverture aux nouvelles idées, la capacité à prendre des décisions.
Le cou : la flexibilité, la capacité à voir sa vie sous différents aspects.
La gorge : l'expression, la créativité.
Les épaules : la capacité de porter une charge, des responsabilités.
Les bras : la capacité d'embrasser ce qui vient à soi.
Les coudes : la flexibilité dans les changements de direction de sa vie.
Les mains : la capacité à donner, à prendre et à recevoir.
Le cœur : la capacité à aimer
Le sang : la joie qui circule dans notre vie.
La lymphe : la capacité à obéir à sa conscience spirituelle, à son Moi supérieur.
Les glandes : Réagissent aux messages du moi conscient et inconscient.
Le système nerveux : système de réception, d'émission et de communication avec soi et les autres.
Les cartilages : la capacité à être souple, l'aisance dans laquelle nous avançons dans la vie.
Les muscles : la vitalité, la force.
Les seins : l'aspect maternel, la sécurisation.
Les poumons : le besoin d'espace, d'autonomie dans sa vie, le siège de la tristesse.
L'estomac : la capacité à digérer les expériences nouvelles

Le dos : le support, la sécurité en soi, la base, le passé, les points de résistance de l'ego, les peurs.
Les articulations : la flexibilité, la capacité d'accueillir ce que me propose la vie.
La peau : la frontière entre nous et les autres, le rapport au toucher, au contact.
Les os : la structure.
L'utérus : le foyer.
Les intestins : la capacité à lâcher-prise, la transmutation des expériences.
Les reins : la force, la vitalité, la renaissance. Le siège des peurs.
Le foie : le siège de la colère, de la critique et la capacité à faire confiance (foi).
La vésicule biliaire : le siège de l'amertume, de la rancœur. Capacité à digérer, à (se) pardonner.
Le pancréas : ma capacité d'adaptation, de (di)gestion des émotions, estime de soi.
La rate : le siège de la joie, la confiance dans la vie.
La vessie : le territoire.
Les hanches : la direction que nous prenons dans notre vie.
Les jambes : la capacité à avancer dans la vie, vers la nouveauté.
Les genoux : la relation du « Je » au « nous », l'ego, la persévérance intérieure.
Les pieds : La capacité à se mettre en action vers ses projets, l'équilibre entre l'instinct, les émotions et la raison. La compréhension de soi et de sa vie.

Ainsi dans cette optique, le symptôme n'est plus une menace, il devient à l'inverse un allié précieux. A nous de le décrypter précisément pour nous permettre de guérir en profondeur.

3- Décrypter le message

Je ne saurais que vous encourager à vous exercer à dialoguer avec votre corps (voir chapitre 2). Lors de l'apparition d'un symptôme, voici les étapes que l'on peut suivre si l'on veut devenir autonome dans sa compréhension.

- Essayez de repérer la date à laquelle est apparu le symptôme. Parfois la date est incertaine, laissez-vous le temps de vous remémorer la période. Si vous émettez clairement l'intention de retrouver cette date, elle vous reviendra en tête. Le jour n'est pas fondamentalement important, la période peut suffire (mois/saison).
- Que viviez-vous à cette période ? Avez-vous assisté à un évènement marquant ? Vous est-il arrivé quelque chose de notable ? Si rien ne vous apparait notoire, tentez toutefois de vous remémorer ce qui s'est passé à cette période. Vous avez peut-être oublié, sous-estimé quelque chose qui fera du sens plus tard.
- Notez vos impressions du moment, vos émotions, vos pensées de l'époque.
- Voyez-vous une corrélation entre ce que vous avez vécu et votre symptôme ? Les exemples de cause de conflit peuvent être multiples, des plus évocateurs - un décès, une fausse couche, une séparation, la perte de vos biens – même les plus insignifiants – une dispute, la peur de perdre quelqu'un ou quelque chose, une contrariété, une mauvaise nouvelle, etc.
- Si oui, voyez ce que vous avez à apprendre de votre symptôme : identifiez le conflit interne qui en est à l'origine.
- Si non, aidez-vous d'un dictionnaire sur la symbolique des symptômes qui puisse orienter votre réflexion et vous aider à comprendre votre conflit interne.
- Tentez ensuite de dépasser ou de résoudre votre conflit. Bien sûr certains conflits peuvent apparaitre

insolvables : vous ne pourrez pas ressusciter un mort, rattraper une personne qui vous a quitté, ramener un fœtus à la vie. C'est sur votre manière de vivre le conflit que vous pouvez agir. Le travail de deuil, le travail de pardon de l'autre et de vous-même, l'acceptation... « Tout ce à quoi l'on résiste persiste. Tout ce que l'on embrasse, s'efface. » disait C. G. Jung. On peut aussi imaginer sublimer son conflit, c'est-à-dire voir en lui une opportunité de croissance plus qu'une source de souffrance.

Remarques : Bien que cela puisse nous permettre de prendre le « problème » à la racine, il n'est pas nécessaire d'aller revisiter systématiquement son enfance pour trouver l'origine du conflit qui nous agite. Par contre le travail que nous ferons en solutionnant notre conflit pourra parfois aider à résoudre la blessure originelle à travers la compréhension de nous-même que nous aurons développée.
Exemple : Vous souffrez d'une sciatique à la jambe droite. L'inflammation du nerf sciatique, comme toutes les inflammations, renvoie à de la colère, de l'agressivité contenue. Il y a fort à parier que vous vous retenez de verbaliser votre frustration à votre compagnon, à votre père, à votre frère, à votre patron ou à un collègue. Bien entendu, votre fragilité découle sans doute du fait qu'il y a eu dans le passé une ou plusieurs situations conflictuelles avec votre père. Mais pour guérir de votre sciatique, il vous suffit d'accepter cette agressivité, de regarder votre frustration et de parler de vos besoins à la personne concernée si vous jugez que ça en vaut la peine ou de lâcher prise dans le cas contraire. Si vous vous interdisez votre émotion, que vous la jugez, ou que vous la contenez sans en faire quelque chose, vous garderez votre sciatique. Toutefois si vous parvenez à dépasser ce conflit interne, votre sciatique disparaitra. Mais il se peut aussi qu'en vous autorisant à parler de vos besoins cette fois-ci, vous décidiez que désormais vous parlerez

plutôt que de vous taire, car c'était un comportement que l'on attendait de vous – implicitement ou explicitement - quand vous étiez enfant par exemple. Le fait de développer cette ressource peut vous permettre de comprendre certains rouages dans la relation avec votre père en étant enfant par exemple. Peut-être était-il trop autoritaire et vous n'aviez pas votre mot à dire. Peut-être aviez-vous peur de vous faire humilier, d'être moqué(e), peut-être au contraire avez-vous adopté le mutisme de votre père, ou bien encore le jugiez-vous trop fragile pour pouvoir oser lui parler de votre mécontentement. Les interprétations sont multiples et il y a autant d'histoires que d'individus. Tout cela pour dire qu'une seule sciatique peut changer littéralement votre vie. Cela dépend ce que vous en faites : gavage d'anti-inflammatoires, visites multiples chez plusieurs spécialistes, hésitation entre brûler le nerf, séances de kinésithérapie et infiltrations. Ou alors, prendre en charge la douleur puis réfléchir à son conflit en accueillant ce qui se présente. L'étape de prise en charge de la douleur est importante à mon sens pour deux raisons : sans confort il est plus difficile de réfléchir sereinement à son conflit, puis il est important de se porter de l'amour et de l'attention particulièrement dans ce moment-là. Le choix du traitement de la douleur dépend de chacun, la respiration par l'organe touché peut faire des merveilles, mais bien sûr si la douleur est intolérable ne renoncez par à la prise d'antalgiques, d'anti-inflammatoires ou d'autres calmants si besoin. L'auto-guérison ne signifie pas que vous n'ayez pas besoin d'aide extérieure.

En somme, c'est à chacun de décider ce qu'il fait de la maladie quand elle survient. Nous avons tous le choix d'ignorer le message qu'elle contient et de nous comporter comme des victimes face à une fatalité qui nous tombe dessus. Mais nous pouvons aussi choisir de voir dans la maladie un message de notre Moi supérieur ou de notre âme qui nous enjoint à évoluer, qui nous encourage à nous libérer d'un passé devenu trop contraignant. Nous avons tous le choix de changer notre regard sur ce qui nous affecte au quotidien. Devons-nous subir ce qui nous arrive ou devons-nous en faire bon usage ? En répondant à cette question on fait un choix. En choisissant d'écouter le message, on fait un premier pas vers la guérison. Pour ceux qui auront fait ce choix, voyons comment faire concrètement pour dépasser son conflit intérieur, guérir et se maintenir en bonne santé.

CE QUE L'ON PEUT RETENIR

Voici une proposition des points que l'on peut retenir dans ce chapitre :

- Bien que beaucoup l'ignorent, la maladie est un message délivré par le corps qui nous demande de mettre de l'amour en nous, là où il y a de la souffrance.

- Nous avons le réflexe de lutter contre la maladie alors qu'il faut au contraire l'accepter et comprendre le message d'évolution personnelle qu'elle nous porte. La maladie est un message d'amour de notre être profond qui nous pousse à évoluer.

- On a tendance à se focaliser sur la gêne, la douleur occasionnée par la maladie, c'est-à-dire sur la forme, plutôt que sur le fond. Et on (ré)-agit en conséquence, on s'attaque aux symptômes sans se soucier de la cause.

- L'Esprit, allié du Cœur, souhaite rétablir l'état d'amour à l'intérieur de nous. C'est par amour qu'il nous envoie un message-maladie pour que nous puissions évoluer vers le mieux-être, vers l'amour inconditionnel de soi. Paradoxalement, les maladies nous révèlent une voie vers la guérison.

- Déclencher un symptôme, un malaise, ou une maladie à un endroit précis de notre corps a une signification bien précise. Chaque organe, tissu, glande, muscle, os, chaque partie du corps renvoie à un ou plusieurs déséquilibres ou conflits psychiques.

- Le symptôme n'est donc pas une menace mais une source d'information qui révèle le conflit sous-jacent à l'origine de la maladie.

- Pour décrypter le message de la maladie, il nous faut nous rappeler des évènements marquants que nous avons vécu autour de la date d'apparition du symptôme, pour trouver le facteur déclencheur. Dans un deuxième temps, observer la relation entre le symbole véhiculé par le corps humain et l'élément déclencheur. Et enfin comprendre le conflit qui s'est constitué.

- Résoudre le conflit c'est parfois lui imaginer une issue positive en voyant en lui une opportunité de croissance plus qu'une source de souffrance ; l'accueillir plutôt que le nier ou le combattre.

- C'est à chacun que revient le choix d'écouter ou non le message que vient délivrer le corps à travers la maladie.

Chapitre 6

Ces ressources intérieures que je possède

« On peut renaître de sa souffrance. Aucune blessure n'est irréversible. On peut transformer ses blessures en force. »
Guillaume Musso

« Les choses qui s'écroulent sont une sorte d'épreuve mais elles sont aussi une sorte de guérison »
Pema Chödrön

      C'est souvent à travers l'expérience de la souffrance que l'on va puiser en soi les ressources nécessaires à sa progression. Pourtant si on l'on parvient à rester attentif à ce que la vie nous amène, nous avons en nous les ressources pour éviter la souffrance et trouver un autre moteur pour avancer. Mais majoritairement, nous attendons d'être confrontés au drame, petit ou grand, pour aller regarder à l'intérieur de soi. Aussi je vous propose d'adopter une routine, une hygiène de vie pour rester en bonne santé. Une hygiène de vie psychique. Et pour ceux qui comme de nombreuses personnes, moi y compris, ont attendu la maladie pour se poser les bonnes questions, cette routine psychique se décline en pratique de guérison.

L'amour est la quête de tous, indissociable de la vie, indissociable donc de la santé. Pour être en bonne santé, il n'y a pas de mystère, il faut se porter de l'amour. S'aimer soi-même est un bien vaste programme. Je l'entends au pluriel : savoir se porter du respect, de la tolérance, se faire confiance, se pardonner les erreurs commises, respecter son territoire, respecter ses besoins, être bienveillant à l'égard de soi-même, des autres, de son environnement. Si un de ces items – non exhaustifs – nous fait défaut, nous avons encore une marge de progression dans l'amour que nous nous portons. Par contre si nous nous acceptons, si nous nous aimons dans notre globalité, nous ne pouvons qu'être en bonne santé.

Là où l'individu a été déresponsabilisé pendant longtemps, y compris le « malade », je propose à l'inverse de reprendre les rennes de notre santé dans une pratique qui nous replace au centre de notre vie et nous redonne du pouvoir personnel. La maladie n'est pas une fatalité. Nous l'appelons dans notre vie comme une opportunité d'évoluer. Elle n'est qu'un message, pas un état dans lequel nous sommes censés nous installer. Ce message nous exhorte systématiquement à avoir plus d'amour pour nous-mêmes. Pour ce faire, il nous encourage à guérir les « dossiers » encore en souffrance, les bulles émotionnelles, les habitudes de pensée et les systèmes de croyances issus de notre passé.

1- Agir en curatif

Agir en curatif devient opportun quand on a repéré un symptôme d'appel, ici je traiterai principalement de la maladie. Mais il en existe d'autres : cela peut être une crise de couple, une perte d'emploi, une dépression, un conflit, un problème d'autorité avec un enfant, la perte d'un être cher, etc. C'est le moment de regarder ce qui ne va pas chez soi, c'est le moment de se prendre en charge.

1-1. Soigner son corps physique

Comme je l'ai écrit en préambule de cet ouvrage, il est temps de réconcilier la médecine conventionnelle et les médecines alternatives. Elles ont besoin l'une de l'autre. L'une est une médecine de diagnostic particulièrement performante dans le traitement de la douleur et la technicité des opérations chirurgicales et réparatrices. Et les autres détiennent une connaissance infinie, parfois ancestrale et réussissent souvent là où la médecine conventionnelle échoue. En fait les médecines alternatives peuvent prendre le pas sur la médecine conventionnelle tant que l'on n'est pas gravement atteint. Cependant, refuser la médication sous prétexte qu'elle n'est pas naturelle n'est indiqué que si l'état physique le permet. Sinon il vaut mieux avoir recours à un traitement ou une intervention, à la fois pour donner un répit au corps, mais aussi un signal d'amour fort, en prenant soin de lui de la manière la plus adaptée qu'il soit. Refuser de se soigner avec la médecine conventionnelle doit nous mettre la puce à l'oreille. Cela pourrait sous-entendre qu'une partie de nous ne veut pas guérir, donc ne veut pas vivre. Est-ce vraiment cela que nous souhaitons ?

A contrario, opter seulement pour la médecine conventionnelle, cela sous-entend de ne traiter que la partie émergée de l'iceberg, sans s'occuper de ce qu'il y a sous la surface. Et si j'ose le rappeler, la partie immergée est bien plus importante... Aussi faire appel à son bon sens est la meilleure solution pour combiner les deux médecines et trouver des solutions pour se soigner et guérir. Cela dépend surtout de l'avancement de la pathologie.

Par ailleurs, il ne faut pas oublier comme le soulignait Hippocrate en son temps, que l'environnement physique ou affectif dans lequel nous vivons, la nourriture que nous absorbons et la pratique d'une activité physique sont indissociables de notre santé. Vous pourrez trouver en deuxième partie de chapitre, les points de vigilance qui me semblent importants à examiner dans ces domaines pour optimiser la guérison et le maintien en bonne santé.

Etre malade cela veut dire que l'on a attendu la dernière minute pour se prendre en main. Cela sous-entend que guérir c'est être prêt à bousculer ses croyances, modifier ses habitudes et changer d'hygiène de vie. Il existe de nombreux professionnels dans le champ des médecines alternatives ; à chacun de sentir quelle thérapie pourrait l'accompagner vers la guérison. Il est plus que temps de s'ouvrir à ce que la vie place sur notre chemin, on a déjà trop attendu pour le faire. En bref, guérir c'est soigner son corps ET se poser les bonnes questions sur le reste.

1-2. Soigner ses corps énergétiques

Entreprendre un travail de nettoyage de ses mémoires émotionnelles et mentales et de ses croyances est inéluctable si l'on veut guérir. On peut commencer le travail seul, mais quand on se sent dans une impasse, demander de l'aide peut aider à lever certains obstacles.

Comme je le rappelle souvent à mes patients : **on ne guérit que si on le souhaite profondément.** Même s'il est vrai que les temps actuels nous poussent quasi systématiquement à aller nettoyer nos mémoires, notamment en plaçant la maladie sur notre route, nous avons une part de libre-arbitre et nous avons le choix de guérir ou non. Il nous faut désirer guérir et ce, de tout notre être, afin d'y parvenir. Cela signifie parfois qu'il faut plonger à l'intérieur de soi pour aller y chercher les éléments qui résistent à notre guérison et les causes profondes de notre maladie. Certaines parties inconscientes de nous peuvent parfois préférer rester malade car elles se complaisent dans la maladie. Cela peut être agréable d'être malade, d'être une victime plutôt que d'être responsable de sa vie. On peut trouver ainsi par exemple l'attention dont on a manqué de la part des autres. Ou encore, on préfère occulter son passé par peur de ce qu'on pourrait y trouver. En guise d'encouragement, j'aimerais préciser que cette appréhension est en fait bien souvent démesurée par rapport à ce que l'on trouve effectivement dans notre intérieur. Nous avons stocké en nous, dans notre corps, au cœur de nos cellules, nos émotions d'enfant, qui nous ont traversé alors que notre développement cérébral était loin d'être achevé. Nous les

avons alors refoulées, occultées. Ces émotions nous ont parfois dévasté mais ce sont des émotions d'enfant. C'est bien pour cela que ce n'est qu'à l'âge adulte que l'on peut s'engager sur un chemin de développement personnel. Adultes, nous sommes dorénavant outillés pour aller enquêter et faire face à nos émotions, nos traumatismes. Ils ne peuvent désormais plus nous anéantir, ils ne menacent plus notre sécurité.
Si vous êtes malade, la première chose à faire est de rechercher et de décrypter le message derrière la maladie.

A- Comprendre le message

Il est important de comprendre la nature du conflit interne qui a déclenché la maladie (voir chapitre précédent). A partir de là il va falloir tenter de le dépasser en libérant toute la charge psychique contenue dans les corps émotionnel, mental et parfois même spirituel, puisque l'on sait qu'en agissant sur les plans énergétiques on agit par effet de cascade sur le corps physique.

B- Dépasser le conflit

Parallèlement au soin que nous portons à notre corps physique je propose de soigner également nos corps psychiques, c'est-à-dire nos corps émotionnel et mental. Comme nous l'avons vu dans les chapitres 3 et 4, nous sommes habités et parfois assaillis par de nombreuses émotions et pensées toxiques. Si nous nous mettons à l'écoute de ces pensées et de ces émotions, et que nous accueillons dans la bienveillance ce qui se présente, nous soignons donc nos corps subtils.
Pour ce faire, je souhaite vous proposer un processus très simple de régulation des émotions et des pensées qui sont à l'origine de nos maladies. Régulation ne veut pas dire contrôle. Contrôler ses émotions ou ses pensées n'amènerait

que plus de conflit entre les différentes composantes de notre être comme nous l'avons vu. Ce processus vaut pour tout type d'affections, de maladies, maladies chroniques, ou même de blessures : nous ne nous blessons jamais par hasard.

Ce processus comprend quatre étapes. L'objectif de ces quatre étapes est donc d'accueillir notre « ombre » dans la bienveillance la plus totale. Je propose de le faire régulièrement une fois que nous avons pris conscience du conflit déclencheur. Le soir au coucher, ou le matin, ou encore lors d'un temps de méditation dédié, c'est à chacun de trouver le moment qui lui convient le mieux. Ce processus est simple et rapide, il s'agit en quelque sorte d'une routine psychique qui prend 5 minutes et qu'il faut renouveler régulièrement, si possible quotidiennement au moins pendant la phase aigue de la maladie. S'il porte ses fruits et que le cœur vous en dit, on peut à terme l'adopter comme une « hygiène psychique ». Il est important de respirer profondément lorsque l'on s'adonne à cet exercice, afin de se détendre, de se libérer et d'intégrer en profondeur ce qui aura été vu.

Pour illustrer son déroulement, je vais prendre l'exemple de Betty, cette femme qui déclencha un cancer. Quand elle s'en aperçut il était déjà tard, le cancer de Betty fut diagnostiqué au stade 3 (sur 4) car elle avait plusieurs foyers cancéreux qui s'étaient développés. Après plusieurs examens, il fut établi qu'elle souffrait d'un cancer de la plèvre avec développement de métastase dans le système digestif. Les médecins avaient peu d'espoir et ne parlaient pas de rémission possible. Elle comprit qu'elle ne s'était jamais remise du décès de son mari survenu quelques années auparavant. Là était l'origine de son conflit. Depuis quelques mois, avaient surgi de nouvelles contraintes financières devant lesquelles elle se trouvait démunie et qui rendait encore plus douloureuse l'absence de son défunt époux. C'était donc là l'élément déclencheur.

- Etape 1 : Accueillir

La première étape du processus après avoir pris conscience de l'origine du conflit déclencheur est de se le remettre en tête et d'accueillir sans frein les émotions et les pensées que cela provoque en nous, plutôt que de les craindre, ou de les fuir. Comme disait Jung, « ce qui ne s'exprime pas s'imprime ». N'ayons pas peur de ressentir nos émotions et d'écouter nos pensées ; au contraire soyons dans la bienveillance la plus totale. « J'ai le droit d'avoir des émotions. C'est ce qui me définit en tant qu'être humain. C'est ce qui me permet de réaliser si ce que j'ai vécu est agréable ou non. Elles me donnent de puissants indicateurs de compréhension de ma maladie et peuvent me permettre de guérir et d'opérer des changements salutaires dans ma vie ». A ce stade Betty accueille sa tristesse, sa douleur et pleure la mort de son mari, plus d'une fois... Elle s'autorise enfin à écouter sa détresse, ses peurs, ses manques, son chagrin et à ne plus lutter contre.
Pensez à respirer.

- Etape 2 : Nommer pour reconnaître

L'étape qui suit instantanément la première est de reconnaitre et de nommer son émotion, intérieurement ou à voix haute. « Tiens, j'ai de la colère », « j'ai de la tristesse », « j'ai du dégoût », « j'ai des peurs », « j'ai de la joie ». Cette étape vise à conscientiser un processus qui se fait tellement naturellement qu'il nous dirige parfois à notre insu. Or reconnaître et nommer son ou ses émotion(s) permet de transformer un processus inconscient en processus conscient. C'est une étape importante dans tout travail personnel. « Ce à quoi l'on fait face s'efface » disait C. G. Jung. Prendre conscience de ce que nous vivons permet d'agir dessus. Alors que lorsque nous n'en avons pas conscience, cela peut prendre le dessus sur notre volonté. Nommer son émotion permet en toute bienveillance de réaliser qu'à cet instant, elle nous traverse. J'insiste sur la

manière de nommer ses émotions. Nous *avons* des émotions. Nous ne *sommes* pas nos émotions. Il est important de se parler en utilisant les bons mots. Il est plus facile de ne pas s'assimiler à ses émotions en ne se confondant pas avec. « J'ai de la tristesse » ne résonne pas de la même manière dans notre être que « je suis triste ». Dans un cas nous reconnaissons qu'un mouvement nous traverse, dans l'autre cas nous croyons être ce mouvement. Or il n'en est rien. « Avoir » une émotion c'est avoir la capacité de l'observer, « être » une émotion c'est s'engluer.
Ainsi lorsque Betty pleure, elle sait qu'elle a de la tristesse. Elle l'accueille avec bienveillance car elle sait qu'elle est là depuis longtemps, transformant sa vie en amertume, et elle sait aussi que cela doit changer si elle veut guérir.
Pensez à respirer.

- Etape 3 : Identifier les pensées et les croyances

La troisième étape est de repérer quelles sont les pensées qui ont provoqué l'émotion, puis éventuellement les croyances. Comme nous l'avons vu dans les chapitre 3 et 4, les pensées et les émotions sont intimement liées et il s'agit de décortiquer quelle pensée a provoqué l'émotion. Ce processus de conscientisation nous permet donc de collecter des informations sur nous-même. Ce processus permet de transformer notre « ombre » en lumière. J'insiste particulièrement sur la bienveillance envers nous-même à conserver lors de ce dialogue intérieur. Nous avons vite fait de nous juger : « et voilà encore de la tristesse », « tu es dépressive », « tu finiras noyée dans tes larmes », etc. Réveillons notre Sherlock Holmes intérieur afin de repérer quelle pensée nous a traversé, puis quelle autre et ainsi de suite jusqu'à repérer les croyances qui y sont rattachées. C'est en répétant le processus régulièrement que l'on parvient à discerner toutes les pensées, ou formes pensées qui sont à l'origine des émotions.

Betty entend et examine ses pensées : « je n'y arriverai jamais sans lui », « sans lui la vie ne vaut pas la peine d'être vécue », « je ne m'en remettrai jamais »... Les pensées répétitives se sont inscrites profondément en elle à son insu lors du décès de son mari. Mais cette fois-ci Betty ne fait pas corps avec ses pensées, elle les écoute, elle les accueille. Elle comprend progressivement que c'est sa douleur et son chagrin qui lui ont dicté ces pensées. Mais elle repère aussi au bout de plusieurs répétitions du processus, qu'elle a quand même encore envie de vivre car il lui reste ses enfants, puis elle a aussi ce vieux projet qu'elle n'a pas encore réalisé. L'envie de mourir cède le pas à l'envie de vivre.
Pensez à respirer.

A ce stade, et bien que cela ne soit pas indispensable, il est possible d'approfondir son travail personnel en conscientisant le lien entre ses émotions, ses pensées et son vécu d'enfance, dans le but de guérir en profondeur. Car comme nous l'avons vu sous la partie émergée de l'iceberg il y a le reste... Ainsi pour Betty, travailler sur cette émotion de profonde détresse, sur ce deuil non fait, peut être pour elle l'occasion de se libérer en profondeur d'autres vécus plus anciens à l'origine d'une grosse bulle émotionnelle. Et justement Betty est curieuse. Elle sort progressivement de son chagrin, elle comprend comment elle s'est « programmée » avec des pensées limitantes et elle reprend goût à la vie. Elle observe avec étonnement l'intensité de ses émotions. Elle cherche à comprendre l'origine de ce qui a pu la mettre à terre à ce point, elle qui se considère quand même comme une personne pleine de ressources et d'un tempérament plutôt autonome. Elle s'interroge.
Et puis une nuit à la suite d'un rêve marquant, un épisode de son enfance lui revient en mémoire. Un jour son père a franchi le seuil de la porte de la maison familiale et elle ne l'a plus jamais revu. Elle se rappelle de sa mère qui a passé des nuits à pleurer et ses journées à s'occuper des enfants en essayant

de joindre les deux bouts. Elle prend conscience de ce sentiment de responsabilité qui ne l'a plus quitté et de cette volonté de fer qui l'a tenue jusqu'à aujourd'hui. Et, réaction en chaîne, elle peut désormais mettre en lien la perte des deux hommes qui ont le plus compté dans sa vie, celle de son père et celle de son mari. Et elle peut cette fois-ci finir de dégonfler la bulle émotionnelle. Enfant, elle n'avait pas pu gérer le deuil de la disparition de son père, ni le sentiment d'abandon ni la tristesse qu'elle a ressenti. D'une part, elle n'était pas outillée pour ; et d'autre part elle n'avait pas eu le temps de s'en occuper, en tant qu'aînée de la fratrie, elle avait du seconder sa mère, la soutenir, parfois même porter toute sa famille. A la mort de son mari, on voit comment sa bulle émotionnelle s'est dilatée, alimentant des formes pensées toxiques vieilles de plusieurs dizaines d'années. « Il est parti/mort parce que je n'ai pas été assez bien, je n'ai pas fait ce qu'il fallait », « il est parti/mort car je ne lui ai pas montré assez d'amour » « il est parti/mort parce que il ne tenait pas assez à moi », etc.

Betty a essayé inconsciemment de reproduire son schéma de croyances d'enfance : « on survit coûte que coûte, pas le temps pour les émotions, on avance et on ne réfléchit pas ». Cela a fonctionné un temps, jusqu'à ce que son corps lui montre qu'il était temps de guérir, de mettre un terme à toute cette souffrance, simplement en acceptant de la regarder et en aimant cette part d'elle-même. Mettre en relation pensées et émotions du présent avec l'expérience passée permet d'une part, de dégonfler la bulle émotionnelle originelle et d'autre part, de conscientiser et de mettre un terme à nos croyances et nos schémas de fonctionnement.

Certaines pathologies ont des racines encore plus profondes que celles de l'enfance et peuvent remonter à des origines de lignées (transgénérationnelles) ou de vies antérieures (karmiques)[41]. Par exemple les maladies génétiques ou héréditaires sont typiquement des maladies transgénérationnelles. Ceci dit, nous sommes capables de guérir tout ce que nous portons dans cette vie. Par contre il peut être difficile d'identifier ses mémoires transgénérationnelles ou karmiques. Aussi je suggère de se faire accompagner quand on souhaite réellement comprendre l'origine de sa souffrance, si on ne trouve pas toutes les réponses dans ses blessures d'enfance. Mais je tiens à préciser qu'en travaillant sur ces blessures, on peut déjà se sentir soulagé. Car ces blessures sont des résonnances, en quelque sorte des émanations de sa lignée ou de ses vies antérieures. Donc faire ce travail sur la guérison des mémoires de cette vie est fondamental.

Dans cette étape il est primordial de se considérer avec tendresse et de se pardonner. Personne ne peut le faire à notre place. Nous avons fait tout ce que nous avons pu. Nous avons toujours fait au mieux. Et nous allons continuer. Plus que de la bienveillance, c'est de l'amour qu'il faut porter à cette partie de nous-mêmes qui a souffert. Pensez à respirer profondément pendant toute cette étape.

- Etape 4 : Lâcher

La dernière étape du processus est de lâcher en conscience. Une fois que nous avons pris conscience de nos émotions, de nos pensées et éventuellement de nos croyances racines (issues de notre enfance ou de notre lignée), il nous faut les lâcher. Cette dernière étape est primordiale. Il existe beaucoup de méthodes issues de certaines philosophies orientales qui promeuvent la vie en conscience et l'accueil de nos émotions. Il y a aussi beaucoup d'écrits sur le lâcher prise qui proposent une pluralité de méthodes et autres techniques fonctionnant plus ou moins bien. Peut-être avez-vous une méthode pour lâcher

---

[41] Si cela fait partie de nos croyances.

prise. Parfois lâcher c'est juste accepter profondément que notre ombre n'est pas un problème et qu'elle fait partie de nous. Or souvent ce qui nous complique la tâche c'est de voir qu'on ne lâche pas aussi vite qu'on voudrait, ou que l'ego développe une résistance au lâcher-prise car il se sent diminué voire lésé. Et puis lâcher un schéma qu'on a mis en place pour survivre c'est parfois difficile - même si c'est l'« ancien » *nous* qui était au contrôle - on peut avoir l'impression de se trahir.

Alors mon conseil est de confier ce dont on a pris conscience plutôt que de lâcher si cela peut être facilitant. Confier ses émotions, ses pensées et ses croyances dont nous ne voulons plus. Mais à qui ? A quelqu'un ou quelque chose qui vous transcende, à quelque chose de plus grand, de plus fort que vous. A qui vous voulez, à ce en quoi vous faites confiance pour pouvoir gérer cela. Cela peut être la Terre, cela peut être le Ciel, l'Univers, Dieu, la Source, les Anges, vos Guides de Lumière... Qui vous voulez, pourvu que cela fasse sens pour vous et que vous soyez certain que cette Force vous dépasse et soit en capacité d'accueillir et de transmuter votre « ombre ».

Aussi dans cet ultime mouvement, je propose de confier à haute voix ou intérieurement ses émotions, ses pensées, ses croyances, ses schémas comportementaux à cette Force en s'adressant respectueusement à elle. A titre d'exemple, je vous transmets une phrase toute faite, mais le mieux est encore de trouver ses propres mots : « Vois l'Univers, je te confie mes émotions, mes pensées et mes schémas désuets. Je n'en ai plus besoin. Merci de t'en charger et de les transmuter. » Afin d'améliorer l'efficacité de cet acte, je vous suggère de visualiser vos pensées et émotions dans un contenant avant de les confier à votre interlocuteur. Vous pouvez par exemple les visualiser dans un baluchon, dans un sac poubelle, mais selon leur ampleur, cela peut être un camion remorque, un paquebot ou que sais-je. Visualisez-vous ensuite remettre ce contenant à qui de droit en l'accompagnant de votre petite prière. La respiration est là-encore très importante, elle permet de laisser aller, de libérer. Cette dernière étape permet de ne pas s'installer dans le ronronnement mental, le ressassement de choses lourdes et de retrouver notre quiétude. N'hésitez pas à confier votre fardeau plusieurs fois d'affilée si vous constatez que vous l'avez encore en tête et passez à autre chose, changez d'activité.

Ces quatre étapes peuvent durer entre quelques secondes si on ne prend pas le temps d'approfondir, et plusieurs minutes si l'on fait tout le processus de rattachement à la bulle émotionnelle infantile. Au début c'est un peu plus long, le temps d'intégrer les étapes et la logique. Après cette routine psychique, prévoyez donc de passer à autre chose, quelque chose d'agréable, de léger. Je conseille souvent de terminer le protocole par une petite prière de remerciement. Elle rend le processus plus facile. Il faut être courageux pour plonger dans son ombre, c'est bien pour cela que nous essayons tous de lui échapper plutôt que de nous y confronter. Aussi se remercier pour son courage est essentiel. A plus long terme on gagne en confort de vie, de façon plus profonde, plus durable, cela vaut bien la peine de se dépasser.

C- Parler à son corps

En parallèle du protocole, il est important de parler à son corps. D'une part, pour éviter de rester cantonné dans les sphères subtiles de la pensée et de l'émotion et ancrer son travail dans la matière donc dans le corps. Et aussi, dans un souci d'unification de tout ce que nous sommes. Même si pour faciliter la compréhension je sépare les corps subtils du corps physique, nous formons un tout et il est important de se rappeler que tout est interdépendant. Tout comme j'encourage la combinaison des soins physiques et des soins psychiques, l'hygiène du corps physique et l'hygiène des autres corps (spirituel, mental et émotionnel), j'encourage à pratiquer à la fois le dialogue avec son psychisme et le dialogue avec son corps.

Aussi dans la logique d'aller du subtil vers la matière, il est nécessaire de prendre le temps de s'adresser à son corps. C'est le moment de le remercier de s'être manifesté et d'avoir mis en évidence les blessures à guérir. Vous pouvez aussi lui dire qu'il n'est plus nécessaire qu'il continue à le faire car vous avez compris son message et allez prendre soin de vous. Dites-lui que vous allez prendre soin de lui, comme de vos souffrances de l'âme.

    Si le protocole et le dialogue avec le corps sont réalisés dans la bienveillance la plus totale envers soi, assortie d'une bonne pratique de respiration, ce processus est efficace et la guérison devrait être totale. Pour des résultats rapides, il est à répéter jusqu'à ce que l'on sente que le conflit est désensibilisé. Une fois peut suffire, parfois c'est plus long. Le travail psychologique se fait par couche, il nous faut ôter la première pour aller sur la seconde, et ainsi de suite descendre dans ses profondeurs. Ce n'est donc pas en un claquement de doigts que l'on arrive au cœur de notre blessure quand elle est profonde, mais plutôt en enlevant voile après voile, avec patience. Avec de la persévérance, le travail peut être rapide, parfois plus lent. Le secret est d'accueillir son rythme, sans jugement, toujours bienveillant. C'est quand on ne ressent plus la même intensité émotionnelle, quand on ne produit plus autant de pensées « négatives » que l'on peut savoir que le conflit psychique à l'origine de la maladie est derrière nous. Nous avons accueilli, reconnu, identifié et lâché notre ombre et nous continuons à le faire facilement, c'est devenu une routine. S'ensuit logiquement la guérison durable du corps qui peut retourner à son état d'équilibre, serein d'avoir délivré son message et d'avoir été entendu.

2- Agir en préventif

Vous n'êtes pas malade ? Félicitations ! Vous êtes parvenu à vous guérir d'une pathologie en utilisant la méthode ci-dessus ? Bravo ! Cette partie vous concerne, car il s'agit de mobiliser ses ressources pour rester en bonne santé. Peut-être le faites-vous déjà ? Alors parlez-en autour de vous !

2-1. Entretenir son corps physique

Il va sans dire que l'une de nos ressources réside dans le choix d'une alimentation adaptée et d'un environnement sociogéographique convenable pour rester en bonne santé ; la pratique d'une activité physique régulière est également incontournable. Une alimentation naturelle riche en légumes, en céréales et en protéines, et à contrario pauvre en viandes, produits laitiers, sucres rapides et autres gluten, additifs alimentaires, colorants et conservateurs, est à privilégier. On sait maintenant avec les multiples études qui ont été menées, que l'alimentation composée de produits non transformés et si possible biologiques est incontournable pour jouir d'une bonne santé.
De nombreux ouvrages ont été écrits sur la question, je ne saurai que trop recommander les ouvrages du Pr Henri Joyeux et de Pierre Rabhi entre autres. Bien que nous soyons tous différents et ayons tous besoin d'apports nutritionnels distincts, et sans faire un cours complet de nutrition, je conseille vivement une alimentation pauvre en protéines animales comme les viandes et les poissons. Sur le plan énergétique ces mets empêchent de monter en vibration. Si nous sommes quelqu'un de positif, sans soucis particulier, la viande et le poisson n'auront pas un énorme impact, bien qu'ils encrassent progressivement l'organisme. Par contre, si nous avons tendance à broyer du noir, à avoir des soucis, à être colérique ou dépressif, je déconseille les protéines

animales. Il y a suffisamment d'autres protéines, comme les protéines d'origine animale (produits laitiers, œufs) sans parler de la haute valeur nutritive des protéines végétales, pour ne pas être carencé en se passant de viande et de poisson. En dehors de ce point, plus notre alimentation est variée, plus notre organisme se porte bien.

Il faut aussi savoir que certains aliments sont incompatibles entre eux et qu'il vaut mieux les consommer à distance les uns des autres, renseignez-vous. Tous les produits à base de gluten sont à consommer avec parcimonie, le gluten étant un ralentisseur physiologique et psychologique. En langage des oiseaux « Glu-Ten » renvoie à une colle puissance dix. Effectivement, le gluten s'assimile mal et quand il est associé à des farines blanches raffinées il se transforme en poison. Par contre consommé via des aliments complets et naturels il est moins nocif. Encore une fois il faut penser de manière globale quand on pense alimentation. Bien sûr qu'un bout de baguette ne va pas nous tuer. Mais associé aux graisses calcinées d'une viande cuite au barbecue (cuisson hautement cancérigène), accompagné d'une cannette de soda qui contient 7 morceaux de sucre (soit 5 fois la dose quotidienne nécessaire à notre corps), là ça se complique. Multipliez ça plusieurs fois par semaine, en été par exemple, et vous vous empoisonnez à petit feu. Dans le même ordre d'idée, je déconseille le lait de vache et autres laitages. Si vous ne pouvez pas vous passer de produits laitiers, optez de préférence pour le lait de chèvre ou le lait de brebis moins agressifs pour l'organisme. Idem pour le sucre, nous en consommons beaucoup trop et du mauvais – comme le sucre blanc raffiné ou pire les substituts ! Le sucre amplifie notre stress et plus globalement notre déséquilibre émotionnel. Paradoxalement, quand nous sommes mal, nous mangeons plus facilement du sucre. Or, malgré le soulagement temporaire provoqué par le plaisir ressenti à l'absorption, la hausse du taux de sucre dans le sang entraine des sautes d'humeur. Le taux d'insuline augmente ce qui amène notre corps à vouloir stocker ses graisses plutôt qu'à les brûler et cela a pour conséquence d'augmenter à nouveau le taux de sucre dans le sang ce qui provoque de nouvelles sautes d'humeur. Une trop grande présence d'insuline entraine des problèmes de fatigue chronique. Le cortisol, hormone que nous produisons en réaction au stress de longue durée, est généré en grande quantité lors de l'absorption de sucre. C'est un cercle vicieux. De plus, le sucre a pour effet pervers de provoquer la dépendance. Ces dernières années, la relation entre la consommation de sucre et l'hyperactivité, voire l'hypersensibilité des enfants a été mise en évidence. Le sucre est mauvais pour tout et pour tous. Il faut savoir qu'une alimentation variée sans sucre raffiné ajouté contient assez de glucides pour l'équilibre de l'organisme.

En outre, il ne faut pas oublier que de nombreux aliments contiennent des additifs nocifs pour la santé, les fameux « E », du glutamate, du phosphate, des amidons transformés, etc. ; que les fruits et légumes sont envahis de pesticides parfois même lorsqu'ils sont issus de l'agriculture biologique, via les nappes phréatiques, les pluies ou par dispersion aérienne. C'est ce qu'on appelle l'effet cocktail – qui désigne la multiplication des effets sur la santé de plusieurs substances chimiques ou contaminants auxquels l'homme peut être simultanément exposé – est rarement pris en compte dans les études sur l'alimentation. Ces substances présentes dans l'agro-alimentaire, et plus largement dans ce qu'on ingère (par exemple le fluor dans le dentifrice), sont aussi présentes dans notre environnement, l'environnement urbain, l'environnement de travail ou le domicile personnel via les peintures, l'air respiré ; elles sont aussi présentes dans les produits que l'on s'administre par voie cutanée (les crèmes, les déodorants), ou générale (les traitements médicamenteux).
Tout nous incite aujourd'hui à être conscients de l'environnement dans lequel nous vivons, dans lequel nous

travaillons, ainsi que de l'alimentation que nous consommons. Je ne peux que vous encourager à vous renseigner continuellement, sans tomber dans la psychose mais plutôt en adaptant progressivement votre consommation. Prendre soin de son corps, c'est déjà un grand pas dans l'amour que l'on se porte.

> ### FOCUS : LA RELIANCE A LA TERRE
>
> La reliance à la terre, autrement dénommée l'ancrage, est absolument incontournable pour entretenir son corps et son esprit. Des études médicales ont été menées par Clinton Ober[42] qui se définit comme un pionnier de l'ancrage. Ce dernier, ainsi que ses collaborateurs, affirment que la connexion avec la terre réduit toutes les inflammations et donc toutes les douleurs d'origine inflammatoires que l'on peut ressentir dans notre corps. A l'origine, un simple échange d'électrons entre la surface de la Terre et notre corps. Le documentaire *Down to Earth*[43] illustre particulièrement bien les évolutions de notre environnement qui nous ont déconnecté du contact avec la terre, comme notre literie (qui n'est plus en contact avec le sol), le sol isolé des maisons, nos chaussures (avec des semelles en caoutchouc), l'environnement scolaire (les revêtements plastiques des salles de classe et des gymnases, ou encore l'asphalte des cours de récréation), etc. Nous ne sommes plus en contact avec la terre donc nous ne parvenons pas à décharger notre électricité naturelle, et nous régénérer en électrons, ce qui augmente les inflammations et donc le risque de maladie. Sur le plan énergétique, l'ancrage aussi est très important via l'ouverture et l'équilibre des premier et deuxième chakra notamment. Sans ancrage, nous ne sommes pas pleinement présents dans notre corps

---

[42] *Connectez-vous à la terre*. Clinton Ober, Stephen Sinatra, Martin Zucker, Editions Trédaniel, Paris, 2013.
[43] *Down to Earth* (« Se relier à la terre »), film documentaire produit par Josh et Rebecca Tickell, 2017.

> physique, et nous investissons donc trop nos corps subtils. En gros, les occidentaux sont des « perchés », trop dans la tête. Autrement dit, nos émotions et nos pensées deviennent trop envahissantes, parce que nous sommes déconnectés de notre corps physique qui lui est déconnecté de la terre. C'est dans ce contexte que nous tombons plus facilement malades.

L'activité physique propose assez souvent de se relier à la terre. Mais ce n'est pas l'unique raison pour laquelle notre corps en a besoin pour rester en forme. L'activité physique, en augmentant le rythme cardiaque et l'apport d'oxygène dans le sang, nous amène à respirer plus, voire mieux. Très souvent nous respirons mal, avec seulement une petite moitié de notre capacité pulmonaire, parfois même moins. Le fait de ne pas bien respirer est à l'origine de nombreuses douleurs, voire maladies, car le corps ne dispose pas de suffisamment d'oxygène.

Des thérapies basées sur la prise de conscience de sa respiration, comme le *Rebirth*, obtiennent de merveilleux résultats antidouleur. La respiration consciente aide aussi à plonger dans un état méditatif et à prendre conscience de son corps tout entier, de ses tensions. Personnellement je me suis soignée de nombreuses douleurs provenant de tensions musculaires rien qu'avec la respiration.

Outre ces bienfaits, l'activité physique permet aussi de prévenir les risques d'affections cardio-vasculaires, de réduire son stress et d'améliorer la qualité du sommeil. Elle aide aussi à réguler le poids, à prévenir le diabète et de nombreuses maladies inflammatoires comme l'arthrite, l'ostéoporose et les maladies respiratoires également.

Il semble logique de l'adapter à ses capacités pour qu'elle reste un plaisir et non pas une corvée. Encore une fois soyons bienveillant envers nous-mêmes.

2-2. Adopter une hygiène psychique

Tout comme nous avons pris l'habitude d'avoir une hygiène corporelle, il est nécessaire pour rester en bonne santé d'adopter une hygiène psychique, à la fois émotionnelle mais aussi mentale. Cette hygiène psychique est fondamentale pour installer une paix intérieure durable et ne pas se faire emporter au gré des vents et marées de notre quotidien, cette harmonie étant garante d'un bon état de santé. Cette hygiène psychique consiste à aimer toutes les parties de nous-même. Même celles qui nous rebutent, même celles dont nous avons honte, même celles que nous essayons de cacher. Croyez-vous être la seule personne à avoir de la haine à l'intérieur ? Non nous en avons tous. Au risque de vous décevoir nous sommes tous faits de la même manière. Certains l'assument, certains la vivent, certains en font un instrument de pouvoir, certains font comme si ils n'en avaient pas et j'en passe. Nous ne portons que ce que nous pouvons porter, pas plus, pas moins. Nous le portons tous différemment et il en va de notre responsabilité personnelle de nous en occuper. Nous sommes tous Amour et Non-Amour. Et c'est à nous que revient la tâche d'aimer en nous ce qui ne l'est pas encore.
Pour ce faire je souhaite proposer un processus très simple de régulation des émotions et des pensées calqué sur le processus de guérison précédent, une routine. Ce protocole quasi identique comprend également quatre étapes. Là encore l'objectif de ces quatre étapes est d'accueillir dans la bienveillance notre « ombre » afin qu'elle ne nous semble plus menaçante et qu'elle nous permette de faire briller notre lumière. Car qui dit accueil de cette partie de soi, dit aussi derrière, accueil de toutes nos potentialités qui étaient là en dormance. Plus nous accueillons notre ombre, plus nous révélons notre lumière.
Je propose de le mettre en place quand une émotion surgit – qu'elle soit passagère ou plus tenace-, ou si nous n'en avons

pas la possibilité au vu du contexte, plus tard, en y repensant à posteriori. Effectivement il se peut que dans un contexte complexe - un environnement particulier, un nombre important d'interlocuteurs, un caractère d'urgence - on ne puisse traiter ses émotions en direct. Soit. Nous pourrons y revenir, sitôt le calme retrouvé, un moment plus tard, ou à défaut le soir au coucher. Certains ont déjà l'habitude avant de s'endormir de passer en revue leur journée afin d'opérer un tri des éléments importants qui s'y sont déroulés. Si ce n'est pas votre cas, sachez que cinq minutes suffisent pour cette pratique qui optimisera votre endormissement, la qualité de votre sommeil et vos songes. Il s'agit de se remémorer sa journée et de repérer ce qui nous a touché - autant les éléments « négatifs » que les éléments « positifs », c'est-à-dire les émotions désagréables et les émotions agréables que nous avons ressenties. Si nous n'avons pas eu le temps de le faire avant, je suggère de commencer par les désagréables et de finir par les agréables en remerciant l'Univers ou Ce en quoi nous croyons pour le positif présent dans votre vie. La simplicité de ce processus n'est pas à prendre à la légère, il peut changer notre vie. Pour l'adopter je vous encourage à le pratiquer pendant 21 jours successifs. Effectivement il faut trois semaines au cerveau pour adopter de nouvelles habitudes. Il deviendra bientôt votre nouvelle routine quotidienne. Il est indispensable pendant sa mise en pratique de rester conscient de sa respiration et de respirer amplement pour faciliter et optimiser le processus.

Aussi que ce soit dans l'instant ou à postériori, voici comment maintenir notre paix intérieure en gardant toujours une attitude bienveillante envers nous-mêmes, c'est très important.

- Etape 1 : Accueillir

La première étape lorsqu'une émotion surgit c'est de l'accueillir, plutôt que de la craindre, de l'occulter, de faire comme si elle n'existait pas ou encore de se laisser submerger par elle. Lorsqu'une émotion se manifeste, le tout

premier indicateur est la sensation physique. Le corps exprime une émotion par des signaux physiques comme nous l'avons vu dans le chapitre 3. Ainsi, si j'ai du mal à reconnaitre une émotion lorsqu'elle apparait, je peux au moins repérer dans mon corps comment elle s'exprime afin de l'identifier. Il peut s'agir d'une émotion fugace ou d'un mal-être plus installé. A ce stade, j'accueille avec bienveillance la manifestation de l'émotion. J'ai le droit d'avoir des émotions. C'est ce qui me définit en tant qu'être humain. C'est ce qui me permet de réaliser si ce que je vis est agréable ou non. Elles me donnent de puissants indicateurs pour ajuster ou réajuster mes choix et en définitive elles me donnent des pistes d'action.
Pensez à respirer.

- Etape 2 : Nommer pour reconnaitre

Dans la foulée, l'étape qui suit consiste à reconnaitre et à nommer son émotion, intérieurement ou à voix haute. « J'ai de la colère », « j'ai de la tristesse », « j'ai du dégoût », « j'ai de la peur », « j'ai de la joie ». Reconnaître et nommer son ou ses émotion(s) permet de transformer un processus inconscient en processus conscient. C'est une étape importante dans tout travail personnel. « Ce à quoi l'on fait face s'efface ». Il est important dans cette étape de repérer toutes les émotions. Certaines émotions en cachent d'autres et forment en quelque sorte un « mille feuille émotionnel ». Ainsi sous la colère se dissimule parfois de la peur ou de la tristesse. Par exemple dans le cas d'une rupture non consentie, il est possible que nous ressentions de la colère ; mais elle découle de la tristesse d'avoir perdu le lien avec notre ex-compagne(on). Autre exemple, celui du parent qui perd son enfant dans un supermarché et qui le gronde vigoureusement quand il le retrouve. Dans ce cas aussi, la colère dissimule la peur. D'où l'intérêt d'adopter plusieurs angles de vue pour s'observer. Prendre conscience de ce que nous vivons permet d'agir dessus. Alors que lorsque nous

n'en avons pas conscience, cela peut prendre le dessus sur notre volonté. Nommer son émotion permet en toute bienveillance de réaliser qu'à cet instant, elle nous traverse. Nous ne sommes pas elle. Elle n'est pas nous. « Avoir » une émotion c'est avoir la capacité de l'observer, « être » une émotion c'est s'engluer. Il est donc important de ne pas rejeter ou refuser son émotion, ni de fusionner avec mais simplement de l'observer avec bienveillance et de lui donner le droit d'être là.
Pensez à respirer.

- Etape 3 : Identifier ses pensées et ses croyances

Cette troisième étape est la plus longue, bien qu'avec la pratique elle ne nous prenne plus que quelques secondes. Il s'agit de repérer quelle est la ou les pensée(s) qui ont provoqué l'émotion. Comme nous l'avons vu les pensées et les émotions sont intimement liées et il s'agit d'identifier quelle pensée est à l'origine de l'émotion. Derrière toute pensée répétitive il y a une croyance. Donc là il s'agit de repérer la croyance qui engendre la ou les pensée(s), qui engendre la ou les émotion(s).
A titre illustratif, je vais prendre l'exemple d'une situation banale que nous avons tous pu vivre de près ou de loin. Vous venez de finir vos courses au supermarché, après une journée de travail, vous devez encore récupérer vos enfants, s'occuper de leurs devoirs, préparer le repas, en gros ce n'est pas les vacances. Vous vous positionnez devant une caisse et faites la queue, il y a deux personnes avant vous. Vous prenez votre mal en patience et vous attendez. Puis vous remarquez qu'un individu grand et fort, profitant d'un moment d'inattention, s'infiltre devant vous dans la queue. Vous vous mettez aussitôt en colère de manière plus ou moins intense. Vous sentez une chaleur monter dans votre poitrine, une pulsion d'agressivité poindre son nez et vous réagissez à votre manière. Vous lui criez dessus, ou vous vous retournez

et vous indignez avec ceux qui sont derrière vous, ou vous faites une remarque à haute voix, vous levez les yeux au ciel et soufflez agacé(e), ou encore vous vous taisez mais vous n'en pensez pas moins en rongeant votre frein. Voilà les différentes façons que nous avons tous plus ou moins de réagir à notre colère.

Maintenant, dans le nouveau processus, dès que la sensation de chaleur dans la poitrine et la montée d'adrénaline produisant cette tension reconnaissable dans nos muscles se font sentir, nous prenons conscience de l'émotion qui nous traverse : la colère. Intérieurement nous prenons le temps de le reconnaitre. Nous nommons notre état, notre émotion. Puis nous observons dans un troisième temps ce à quoi nous avons pensé le temps d'une milliseconde qui nous a fait réagir. « Il me prend MA place, ce n'est pas juste », « il se fout de moi », « il m'a pris pour un imbécile », « il croit que je ne vais rien dire », « il croit qu'on peut me marcher dessus », etc. Bref, toute pensée en lien avec la défense de notre territoire.

Ce faisant, nous générons des éléments de connaissance sur nous-même. Dans ce genre de situation, nous ne supportons pas, ou nous supportons difficilement, de passer après l'autre, de nous faire spolier, l'injustice, etc. Ce processus de conscientisation nous permet donc de collecter des informations sur nous-même et notamment des croyances telles que « il ne m'arrive que des problèmes », « je n'ai jamais de chance », « on essaye toujours de me prendre ma place », « on essaye toujours de m'arnaquer », etc. Ce processus permet de transformer notre « ombre », en lumière, car nous accueillons cette connaissance sur nous-même sans nous juger, en gardant à l'esprit qu'elle est le résultat de nos blessures antérieures. J'insiste particulièrement sur la bienveillance envers nous-même à conserver lors de ce dialogue intérieur. Nous avons vite fait de nous juger : « et voilà encore de la colère », « toujours la même chose : tu te laisses toujours faire », etc. Ici et maintenant il est primordial d'aimer ce que nous découvrons de nous-même, d'accepter profondément tout ce que nous mettons à jour. Cela est incontournable pour la réussite de l'exercice.

Pour les plus curieux, ou ceux qui ont envie d'approfondir leur travail personnel, il s'agit alors de rattacher cette expérience de frustration avec une expérience antérieure marquante, bien souvent une expérience infantile. Effectivement pour avancer dans la connaissance de nous-mêmes il va falloir se pencher sur ses blessures d'enfance. Et pour ce faire, il est nécessaire de conscientiser la relation entre nos réactions d'aujourd'hui et notre passé. Aussi la situation a priori anodine que nous venons de vivre à la caisse peut venir mettre en lumière des manques, des humiliations, un sentiment de trahison, etc. Et c'est en travaillant sur une expérience présente que nous pourrons désensibiliser le passé. En en prenant conscience. En poussant le questionnement intérieur. « Pourquoi suis-je tellement agacé(e) quand on me passe devant ? », « qu'est-ce que ça me rappelle ? ». Ce type de question peut nous amener à prendre conscience par exemple que dans chaque situation liée à la transgression de nos limites, nous réagissons parce que nous avons une blessure d'injustice encore ouverte (car vous vous êtes senti moins aimé que vos frères et sœurs par exemple). Mettre en relation pensées actuelles et expérience passée, permet d'une part, de dégonfler la bulle émotionnelle originelle et d'autre part de conscientiser nos croyances et donc nos schémas de fonctionnement. Cela est une étape importante pour nous permettre d'en changer si nous les trouvons désuets.
J'insiste encore sur la nécessité d'adopter une attitude bienveillante envers nous-même pendant cette étape. Cela ne sert à rien de se juger (cf. le focus sur la culpabilité). Tout le monde découvre des comportements peu reluisants sur soi-même quand on commence à gratter. Nous avons tous souffert et nous avons tous fait souffrir, cela va de pair. Nous

fonctionnons tous de la même manière : c'est parce que nous avons été blessés que nous blessons, parce que nous avons été trahis que nous trahissons, parce que nous avons été abandonnés que nous abandonnons, parce que nous avons été rejetés que nous rejetons[44], etc. Je le rappelle dans cette étape il est primordial de se considérer avec tendresse et de se pardonner. C'est en se pardonnant à soi-même que l'on peut pardonner aux autres.
Penser à bien respirer pendant cette étape afin de rester ouvert à ce qui remonte.

- Etape 4 : Lâcher et évoluer

Enfin, en dernier lieu, il est important de ne pas s'installer dans ce que nous venons de découvrir. Une fois que nous avons pris conscience de nos émotions, de nos pensées et éventuellement de nos « croyances racines » - issues de notre enfance, il nous faut les lâcher. Cette dernière étape est primordiale. Lâcher c'est juste accepter profondément que notre ombre n'est pas un problème et qu'elle fait partie de nous. A ce moment-là nous arrêtons de nous raidir intérieurement, de lutter contre, et nous ressentons un soulagement s'installer à l'intérieur de nous.
Pour ceux qui ont du mal à lâcher prise, je propose de confier son ombre, ses soucis, ses émotions, ses pensées lourdes. Confier est parfois plus facile que lâcher. C'est nous qui avons mis en place toutes ces carapaces, toutes ces écorces afin de nous protéger. Aujourd'hui elles nous étouffent et nous prenons conscience qu'il est nécessaire de s'en défaire, mais ce sont quand même nos créations. Alors plutôt que de les lâcher comme si elles n'étaient rien il est plus simple de les confier à quelqu'un ou quelque chose qui saura quoi en faire. Confier ces émotions, ces pensées et ces croyances dont nous ne voulons plus. Mais à qui ? A quelqu'un qui vous transcende, à quelque chose de plus grand, de plus fort que

---

[44] Voir les travaux de lise Bourbeau et notamment cet ouvrage : *Les cinq blessures qui empêchent d'être soi-même*, Lise Bourbeau, 2000.

vous. A qui vous voulez, à ce en quoi vous faites confiance pour pouvoir gérer cela. Cela peut être la terre, cela peut être le ciel, l'univers, dieu, les anges, vos guides de lumière... Ce que vous voulez pourvu que cela fasse sens pour vous et que vous soyez certain que cette Force vous dépasse et soit en capacité d'accueillir, de transmuter votre « ombre » (cf. étape 4 du processus curatif).

Si nous n'aimons pas notre ombre nous ne pouvons l'accepter. Certains patients me disent : « Mais comment aimer son ombre ? C'est laid d'être en colère, c'est atroce d'être toujours craintif de tout, je suis faible si j'accepte de pleurer ! ». Et bien il faut savoir que la plupart de ces jugements ne nous appartiennent pas, ils sont inculqués par la société, via l'éducation, les normes, les règles de savoir-vivre. Dès tout petit on apprend littéralement à rejeter une part de soi-même. Or c'est tellement plus soulageant d'arrêter de lutter et de s'accepter enfin dans sa totalité. D'autant plus que notre ombre, nos souffrances, nos blessures, ne sont qu'une infime partie de nous. Elles ne peuvent pas nous résumer. Tout comme nous ne pouvons pas faire comme si elles n'étaient pas là, ça serait nous mentir. Il faut juste accepter qu'elles soient là, qu'elles soient le résultat de notre passé et enfin les accepter profondément, les lâcher.

Ayant pris conscience de nos limites, il est temps de les dépasser. Ayant pris conscience de nos souffrances, il est temps d'en sortir. Tout en lâchant prise, il est temps d'agir en conscience. Ainsi c'est le moment de prendre nos croyances à contre-pied et de changer de comportement : de faire confiance quand nous doutons, de dépasser nos peurs, d'oser là où nous nous serions freinés, de nous servir de notre colère comme moteur de créativité, etc. De la pensée, à l'émotion, puis à la matière : voilà le cycle complet. C'est donc dans la matière qu'il faut procéder à des changements. Une fois que nos schémas sont conscientisés, il nous reste encore à les modifier.

J'ai envie de vous résumer cette histoire, évoquée dans le livre de Portia Nelson[45] :

C'est l'histoire d'un homme qui marche dans une rue. Il y a un grand trou dans le trottoir. Il tombe dans le trou. Il se sent perdu et impuissant. Il pense qu'il n'y peut rien, que c'est la fatalité. Il lui faut alors une éternité pour en sortir.
De nouveau l'homme se retrouve à marcher dans la même rue. Il y a toujours un grand trou dans le trottoir. Il fait semblant de ne pas le voir. Il retombe dedans. Il n'arrive pas à croire qu'il est au même endroit. Mais il pense ne rien pouvoir y faire. Il lui faut encore longtemps pour en sortir.
Le voilà de nouveau dans la même rue. Il y a encore et toujours ce même grand trou dans le trottoir. Il le voit bien. Il tombe quand même dedans... c'est une habitude. Pourtant, il a les yeux bien ouverts. Il connait cet endroit. Il a compris qu'il est responsable de ses actes. Il en sort immédiatement.
Un jour qu'il repasse par la même rue. Le trou est toujours là dans le trottoir. Il l'évite et continue son chemin.
Puis un beau jour il choisit définitivement de prendre une autre rue pour suivre son chemin.

Cette métaphore évoque notre cheminement personnel vers l'équilibre intérieur, vers la guérison des souffrances. Au début, nous ne sommes pas conscients de nos actes, pensées et émotions. Nous n'expliquons ce qui nous arrive que par une causalité extérieure (le « destin », la « fatalité », le « karma », les autres, etc.) et nous ne nous sentons pas responsable. Progressivement, quand nous prenons conscience de notre responsabilité, nous ouvrons les yeux et devenons plus conscients de nos schémas, de nos comportements.

---

[45] In, *There's a hole in my sidewalk, Autobiography in Five Short Chapters*, Portia Nelson.

La dernière étape est de sortir de l'ornière des habitudes. Il se peut que l'on n'y arrive pas en une fois, mais ce n'est pas grave. En insistant, nous pouvons nous aussi finir par éviter le trou et un beau jour changer de route. Mais il n'y a pas de secret, c'est dans le concret, par l'action, que nous y arriverons. C'est donc le moment de réfléchir à ce que l'on peut modifier dans ses décisions, dans ses actes, dans ses comportements et de se mettre à la tâche. Si nous n'avons pas d'idée sur les changements à mettre en place, c'est bien souvent que la charge émotionnelle est encore trop lourde aussi accordons-nous le temps nécessaire pour l'alléger. Nos verrous intérieurs lâcheront d'eux-mêmes quand toutes les mémoires émotionnelles associées auront été portées à la lumière de notre conscience.

Pour reprendre mon exemple précédent, celui de la personne en colère d'avoir été doublée dans une queue de supermarché, cette dernière étape la conduirait par exemple à exprimer son désaccord avec fermeté mais bienveillance. « Bonjour, vous devez avoir vos raisons pour me passer devant, mais là je ne me sens vraiment pas respectée et frustrée quand vous faites cela ». S'affirmer ainsi lui permet d'invalider ses croyances concernant ses sentiments d'impuissance, de malchance et d'inexistence.

Ces quatre étapes peuvent durer entre quelques secondes, si on ne prend pas le temps d'investiguer, et plusieurs minutes si l'on fait tout le processus de rattachement à la bulle émotionnelle infantile. Ensuite l'objectif n'est pas de rester focalisé, mais de passer à autre chose. Le cœur content d'avoir nourri le corps, et l'esprit en paix. Si ce processus est réalisé dans la bienveillance la plus totale envers soi-même, il est efficace et nous en voyons rapidement les résultats. Pour des progrès rapides, ce processus est à adopter et à répéter quotidiennement, tout comme votre douche par exemple. Une nouvelle routine quotidienne. Avec une mise en application pendant 21 jours – calendrier à l'appui, cela deviendra une nouvelle habitude. Rapidement, on n'a plus conscience des différentes étapes et on intègre le processus qui devient naturel aussi simple qu'une nouvelle habitude. Cela s'appelle vivre sa vie en conscience.

Cette routine psychique permet de prendre confiance en soi, car on ne lutte plus contre une partie de soi-même. On se sent tout logiquement de plus en plus unifié intérieurement. L'amour que nous nous portons augmente. L'amour que nous portons aux autres augmente en conséquent. On ne sent plus vulnérable face aux attaques des autres, car on se connait enfin, on sait qui l'on est dans notre ombre aussi et on comprend que l'autre projette sa souffrance sur nous. L'autre n'a progressivement plus de prise, on ne lui laisse plus notre territoire et on est de moins en moins influençable.
Il est bon de nous aider aussi d'une autre ressource interne que nous possédons tous, il est bon de nous recueillir à l'intérieur de nous dans cet endroit où nous sommes éternellement immaculé, sans tâche.

3-   En permanence

Il existe un endroit à l'intérieur de nous qui est inaltérable, incorruptible et unique. Cet endroit c'est notre Cœur, notre Moi supérieur, appelons-le comme bon nous semble. Les pensées toxiques, les émotions lourdes n'ont pas accès à cette partie de nous. Elle peut par contre impulser des pensées créatives, des émotions de joie ou de satisfaction intense. Ce lieu accueille les plus Hautes instances de nous-mêmes. Un lieu où l'esprit nous informe des missions de notre âme. C'est un endroit où l'on vit au présent, en accord parfait avec la vie et avec notre environnement. Un espace d'où nos désirs profonds émergent, où notre intuition prend racine, où se décident les grandes et les petites orientations de notre vie. Un lieu où l'on aime et où l'on s'aime inconditionnellement.

En général, nous ne sommes pas assez à son écoute, trop préoccupés par notre mental. Et pourtant il ne nous quitte jamais, attendant que l'on se penche sur lui, que l'on tende l'oreille. Notre Cœur attend de pouvoir déverser ses idées originales et créatives. Oui c'est là qu'elles germent. Il possède en stock tout l'attirail pour pouvoir créer notre vie seconde après seconde en respectant notre rythme, notre individualité. C'est dans notre Cœur aussi que l'on peut écouter nos guides, nos anges gardiens, les défunts qui nous accompagnent et les hautes énergies qui ne veulent que notre bien. C'est grâce à eux que nous prenons les meilleures décisions, que nous faisons les meilleurs choix dans notre existence.

Lorsqu'on vit sa vie en conscience, en ayant une bonne hygiène psychique, on peut entendre son Cœur. Lorsqu'on décide de s'observer soi, on prend l'habitude d'observer aussi ce qui nous entoure et on se met alors au diapason avec son environnement. On a alors de moins en moins de pensées parasites, réactives, organisationnelles. Nos pensées sont désormais au service de nos idées. On peut entrer en contact avec son Cœur à tout moment en pratiquant l'écoute de son silence intérieur, en faisant des exercices de méditation ou de respiration. Je souhaite vous transmettre ici un petit exercice de connexion au Cœur tout simple afin de se mettre à son écoute.

Installez-vous confortablement dans la position de votre choix, assis ou allongé, mais faites en sorte d'être aligné physiquement. Cela annonce votre souhait de vous aligner sur votre cœur. Fermez les yeux ou à défaut gardez les mi-clos. Portez votre attention sur votre respiration. Vous pouvez faire un bodyscan juste avant. Laissez venir dans votre tête les pensées et les émotions mais ne vous y accrochez pas, laissez-les défiler. Reportez toujours votre attention sur votre respiration. Prenez de plus en plus amples inspirations afin de faire venir le calme en vous, et expirez profondément. Observez cette sérénité qui s'installe, cette plénitude qui vous envahit, au gré des vagues de votre respiration. Portez ensuite votre attention sur votre cœur physique, c'est là aussi que ce trouve votre Cœur, votre Moi supérieur. Imaginez-vous être un récipient vide. En silence, ou à voix haute, demandez à votre cœur de s'exprimer, de vous parler. Demandez-lui s'il a des choses à vous dire, des conseils à vous donner. Et accueillez ce qui vient en idées, en pensées. Peut-être votre cœur fait-il le timide car vous ne l'écoutiez plus. Encouragez-le si vous ne l'entendez pas, il ne pourra rester muet bien longtemps. Prêter attention même aux tous petits murmures. Quand vous le sentez, redevenez présent à votre globalité.

Parfois la voix du Cœur n'est pas celle qui s'exprime le plus fort. Il faut alors tendre l'oreille, passer outre le raffut que font nos pensées et nos émotions, pour entendre les sages conseils de son Cœur.

Connecter son Cœur permet de connecter les parties les plus élevées de soi. Cela permet aussi de sortir du mental. C'est en gérant son mental par le protocole en quatre étapes ou en lui intimant l'ordre de se taire, de se mettre en retrait, que l'on peut plus facilement avoir accès à son Cœur. Certains n'ont peut-être jamais perdu le contact avec lui, mais l'écoutent-t-ils pour autant ?
Nous avons tout en nous, nous avons toutes les ressources nécessaires pour guérir et rester en bonne santé. Certes nous avons de l'ombre mais nous avons aussi de la lumière, notre conscience. Nous avons tout ce qu'il faut pour transformer notre ombre en lumière, choisir d'amener l'inconscient à notre conscience. Plus nous nous identifions à nos émotions, nos pensées, nos croyances, nos schémas, plus notre vie est douloureuse. Plus nous sommes conscients de toutes ces données et plus nous cherchons à comprendre ce que nous vivons, plus la vie devient facile et alignée sur notre Moi

supérieur, sur notre Cœur. Pour cela, avant tout, il nous faut déposer les armes, arrêter de « combattre la maladie », de « maitriser ses émotions », de « dompter ses pensées », et nous réconcilier avec nous-même. En acceptant d'être parfois chahutés par nos émotions, par nos pensées. En admettant d'avoir un rythme personnel, une note particulière, un chemin qui nous est propre. En s'autorisant à se choisir soi avant les autres. En aimant toutes les parties souffrantes qui ont été délaissées. En écoutant les conseils et les directions que nous livre notre Cœur.

CE QUE L'ON PEUT RETENIR

Voici une proposition des points qui me paraissent importants à retenir dans ce chapitre :

- Quand on déclare une maladie c'est que l'on a attendu que notre corps nous délivre le message de nous aimer intégralement, d'aimer chaque partie de notre être, même les blessures du passé.

- La maladie nous propose de changer d'hygiène de vie à la fois physique et psychique.

- Il faut alors soigner son corps mais aussi sa psyché (ses émotions et son mental).

- Pour cela il faut comprendre le message que contient la maladie et dépasser le conflit déclencheur qui en est à l'origine.

- Pour dépasser le conflit source, on peut suivre un processus psychique en quatre étapes : l'accueil, l'acceptation, l'identification et le lâcher-prise des émotions lourdes et des pensées négatives.

- Pour que ce processus soit efficace, il est important de bien respirer afin de rallier le corps à la psyché pendant l'exercice. Dans cet ordre d'idée, parler à son corps, le remercier pour le message qu'il est venu délivrer et lui demander de ne plus se manifester car il a été entendu, est une démarche utile.

- Il est important d'être totalement bienveillant lors de cet exercice et de ne pas se juger, ni juger les pensées et les émotions qui remontent à la surface, mais au contraire de les accepter totalement, c'est-à-dire de les aimer. Gardons en tête qu'elles sont générées par des parties de soi qui ont souffert.

- Cet exercice psychique de régulation des émotions et des pensées peut devenir une nouvelle habitude, une véritable hygiène psychique.

- En préventif, la pratique du même exercice psychique peut nous aider à rester en bonne santé, à installer et conserver un état d'esprit plus serein, à vivre le moment présent, à être dans une démarche créative plutôt que « ré-active ». Elle devient une nouvelle routine psychique

- Tout comme nous devenons conscients de notre vie psychique, il nous faut aussi être vigilant et conscient de la manière dont nous traitons notre corps (alimentation, soin, pratique sportive, environnement, etc.).

- Parmi les ressources intérieures que nous possédons, notre Cœur est l'endroit sur lequel nous pouvons compter pour nous donner des conseils, nous délivrer nos envies profondes, trouver l'amour pour soi et les autres.

- S'y connecter régulièrement permet de ne pas rester dans la seule sphère mentale, mais d'aller se connecter à notre âme, à notre esprit, à notre Moi supérieur, aux Hautes instances de nous-mêmes.

Chapitre 7

Cet Amour qui me transforme

« Rien ne se perd, rien ne se crée, tout se transforme »
Lavoisier

Ramener nos profondeurs à la surface, transmuter notre ombre en lumière est une véritable œuvre alchimique. Plus qu'adopter une hygiène psychique, nous transformons avec patience ce que nous avons de plus lourd en ce qui sera le plus précieux. Nous nous alignons progressivement. La différence entre un morceau de charbon et un diamant réside dans l'alignement de leurs strates. Dans l'un elles sont désordonnées et dans l'autre, alignées. Résultat, si l'un et l'autre ne sont composés que de carbone, l'un laisse passer la lumière l'autre pas.
Je ne suis pas alchimiste et ne connais que partiellement les procédés alchimiques. Mais il semble que le début du travail consiste à décomposer la matière pour la débarrasser de ses parties impures, puis dans un deuxième temps, à réunir les parties « purifiées », et en troisième, à faire descendre l'esprit (ou la lumière) dans la matière ainsi recomposée. C'est l'objectif que l'on peut se fixer via cette métaphore. Comment faire descendre la lumière dans la matière, sur notre ombre ? Après avoir exhumé nos vieilles émotions, pensées, croyances et nos anciens schémas, après les avoir aimés puis lâchés, que reste-t-il ? Que faire de plus ? Faut-il aider la lumière à descendre ?
Alors il est vrai que le cheminement s'opère naturellement. La nature a horreur du vide dit-on. Là où il y a avait quelque chose qui disparait, par effet de vase communiquant, autre chose le remplace. Ainsi plus nous ferons remonter notre ombre à la surface, plus il y aura de lumière en nous. Mais

j'aime à penser que l'on peut assister le processus. Tout en pratiquant l'exercice psychique, on peut le compléter avec d'autres pratiques assez simples que je souhaite vous transmettre ici. Toute une série de petits exercices subsidiaires qui peuvent aider à faire descendre la lumière. Ces exercices sont à pratiquer en complément du processus de guérison ou de l'exercice psychique transmis au chapitre précédent.

1- Lettres de guérison

Il y a parfois des moments où l'exercice psychique peut vous sembler limité par rapport à l'ampleur de ce qui gronde à l'intérieur de vous. Il se peut que lorsque vous touchiez du doigt certaines blessures, l'intensité émotionnelle soit encore très vive. Cela peut faire peur et vous donner le sentiment d'être bloqué, ou parfois même vous donner envie de tout arrêter. Surtout n'en faites rien ! Rien de pire que d'enlever le couvercle d'une cocotte-minute pour essayer de le remettre en place lorsque la pression essaie de s'échapper. Il faudrait mobiliser une énergie telle que vous en seriez épuisé et c'est souvent cette démarche qui conduit à la dépression.

Il est temps d'écrire une lettre de guérison. Cette lettre est simple à mettre en œuvre et elle vous évitera d'exploser ou d'imploser. Elle a le mérite d'amener dans la matière ce que vous vivez sur les plans émotionnel et mental (à la place de votre corps par exemple). Et plus encore, de sortir ce que vous avez à l'intérieur. Elle peut être adressée à une personne que vous tenez responsable de votre colère, de votre tristesse ou de vos peurs ou encore elle peut être adressée à soi-même. Le contenu de cette lettre appartient à chacun mais je vous encourage à vous lâcher. Ecrivez-y tout ce que vous avez sur le cœur. Si vous avez besoin d'être vulgaire ou menaçant, n'hésitez pas. Ne vous jugez pas. Au contraire sortez tout. Pour la bonne raison qu'il n'y aura que vous qui la lirez. Cette lettre n'est pas destinée à être envoyée. Elle est destinée à faire circuler l'énergie bloquée dans vos trois chakras inférieurs jusque dans votre chakra laryngé. Elle est destinée à vous faire verbaliser ce qui vous fait du mal. Elle est destinée à vous faire prendre conscience de vos émotions et de vos pensées lorsque vous avez peur de leur puissance. In fine, elle est vouée à transformer l'ombre en lumière.

Ce qui est important c'est de lui donner la forme d'une lettre normale, avec un destinataire à qui vous vous adressez, un corps de lettre, une date et votre signature.

1-1. Lettre écrite à un tiers

Vous pouvez écrire cette lettre à qui que ce soit, que ce soit un proche ou non, qu'il soit en vie ou décédé, cela n'a pas d'importance. Nommez-le, et dénoncez dans cette lettre tout ce dont vous avez souffert. Prenez le temps de signifier à votre interlocuteur l'impact que votre relation, ses gestes, mots et actes ont eus dans votre vie. Et dites-lui toutes les émotions et les sentiments qui vous habitent. Vous réaliserez ainsi de nombreuses choses sur vous-même en écrivant ou en relisant votre lettre.

FOCUS : L'AUTRE CE MIROIR

Dans le fameux triangle bourreau-victime-sauveur[46], nous sommes souvent la victime, l'autre est souvent le bourreau et nous attendons un sauveur pour nous sortir de cette mauvaise passe. Ce manège relationnel nous enlève toute responsabilité dans notre vie. L'autre devient alors la personne à blâmer quand nous avons des ennuis au travail, à

---

[46] Le triangle de Karpman ou triangle dramatique, persécuteur-victime-sauveur, représente les trois rôles d'un jeu psychologique néfaste et déresponsabilisant pour les individus. In *Le Triangle dramatique - Comment passer de la manipulation à la compassion et au bien-être relationnel*, de Dr Stephen Karpman.

> la maison, au supermarché, etc. Cela nous permet de conserver une bonne estime de soi en évitant de nous remettre en question. Or si l'on observe les lois universelles, elles ne fonctionnent pas de cette manière. La loi d'attraction nous présente ce dont nous avons besoin pour grandir, en somme le résultat de nos pensées conscientes et inconscientes. La loi du libre arbitre nous offre la possibilité de choisir notre manière de réagir face à ce que nous amène la vie. On ne reçoit que ce que l'on donne et c'est dans ce sens qu'il faut comprendre l'effet du miroir. Toute action entraîne une réaction, c'est la loi du karma. Ainsi nous pouvons décider d'accuser l'autre éternellement pour notre malheur, ou essayer de comprendre pourquoi nous l'avons attiré dans notre vie. Nous pouvons condamner l'autre pour sa méchanceté ou s'apercevoir que c'est la méchanceté que nous portons en nous qui est intolérable. Nous pouvons être jaloux du regard qui est porté vers une tierce personne alors que ce qui souffre en nous c'est le rejet ou l'abandon dont nous avons été victime. Lorsque quelque chose vous apparait intolérable chez l'autre, regardez sous quelle forme elle s'exprime chez vous. L'autre est un formidable vecteur d'apprentissage sur soi-même.

1-2. Lettre écrite à soi-même

Parfois la meilleure façon de sortir de sa colère est de réaliser que l'on a d'abord de la colère contre soi-même. Prendre conscience de cela c'est se responsabiliser. Inconsciemment nous sommes en colère contre nous-même de ne pas prendre en charge nos blessures explique Lise Bourbeau[47]. Dans cette lettre écrite à vous-même, vous pouvez coucher sur le papier les raisons qui font que vous êtes en colère contre vous-même. La plupart des gens s'en

---

[47] https://www.ecoutetoncorps.com/fr/ressources-en-ligne/chroniques-articles/comment-bien-vivre-sa-colere/

veulent de ne pas avoir bien précisé ou bien communiqué quelque chose, de s'être laissé avoir, d'avoir agi sans réfléchir ou de ne pas avoir écouté leur intuition par exemple. Cette lettre peut vous servir d'exutoire et vous réconcilier avec des parties de vous-même que vous jugiez très sévèrement. Soyez profondément tolérant et bienveillant envers vous-même.

1-3. Lettre de l'enfant intérieur

Dans cette lettre il s'agit de donner la parole à notre enfant intérieur. Le petit garçon ou la petite fille en nous qui a souffert et que nous avons oublié toutes ces longues années. Il s'agit de se placer dans la peau de l'enfant que nous étions. Regarder quelques photos d'époque peut nous aider. Cette lettre est souvent adressée à nos parents, ou à des adultes repères. Evoquez vos peurs, votre souffrance, votre incompréhension, votre surprise, parlez de vos émotions. Dites tout. Utilisez des mots simples, des mots d'enfants. On ne vous demande pas de prise de recul dans cet exercice.

1-4. Lettre du parent intérieur

Après l'écriture de la lettre de l'enfant intérieur, je recommande de rédiger une lettre réponse du parent intérieur. Une fois adulte, que nous soyons réellement parent ou non, nous avons tous la maturité pour l'être. Et bien souvent un bon parent est celui qui a réussi à être un parent pour lui-même. Cette lettre viendra accueillir et comprendre les doléances de l'enfant intérieur. Elle servira à le rassurer, le consoler et à lui ouvrir des horizons, à le faire sortir de sa tristesse et éventuellement à trouver des idées pour aller mieux. Pour rédiger cette lettre, relisez au préalable la lettre de l'enfant intérieur comme un parent pourrait la lire et répondez-lui, idée par idée, de la manière la plus empathique et la plus douce possible : vous parlez à un enfant, vous vous parlez à vous-même, prenez soin de vous.

Dans tous les cas après avoir terminé notre lettre, il est important de se relire, de bien s'imprégner des mots qui illustrent nos maux. Cela permet de prendre un peu de hauteur avec ce que nous avons écrit et de réaliser que l'autre n'est que le reflet de soi-même. Conscient que nous portons en nous une douleur que l'autre n'a fait que révéler, il est désormais plus facile de s'occuper de notre souffrance plutôt que de rester focalisé sur les travers de l'autre. Il est alors temps de se mettre au travail (voir l'exercice psychique). L'objectif n'est pas de rester dans l'accusation perpétuelle mais de comprendre où nous avons eu mal, quelle partie de nous a souffert et de s'en occuper.
Puis je conseille de brûler la lettre, de la déchirer ou de la jeter tout simplement. C'est une manière de lâcher. Ce rituel de lettre de guérison est réellement efficace. En général on se sent immédiatement soulagé après l'avoir fait, ou cela peut prendre quelques heures. Mais quelque chose a vraiment été transmuté par ce procédé.
Les lettres de guérison sont particulièrement efficaces pour prendre conscience de ses croyances et des schémas de fonctionnement répétitifs qui en découlent. Elles sont aussi salutaires pour décharger son énergie émotionnelle. Vous pouvez en refaire plusieurs selon l'intensité de la charge émotionnelle à évacuer. Si vous ne vous sentez pas soulagé dans les minutes, heures ou jours qui suivent son écriture c'est que vous avez oublié de dire des choses. Réécrivez-en une autre, n'hésitez pas.

2- Affirmations « positives »

Les affirmations positives sont des occasions de répandre de la lumière dans sa pensée et par voie de conséquent, dans ses émotions. J'insiste particulièrement sur l'importance de ne pas faire usage de ces affirmations sans faire le processus en quatre étapes proposé dans le chapitre précédent.

La pratique de la pensée positive comme on l'appelle parfois est inappropriée si l'on ne s'est pas attaché au préalable à faire de la place, c'est-à-dire si l'on n'a pas fait un travail d'examen et d'accueil de ses pensées « négatives ». Cela reviendrait à dresser la table avec une nouvelle vaisselle, en ayant laissé la vaisselle sale en place. Aucun intérêt, si ce n'est de se retrouver dans un capharnaüm, ou alors de jeter la vaisselle sale alors qu'on aurait besoin de la laver. La pensée fonctionne selon la loi d'attraction. On attire ce à quoi l'on pense, autant des évènements heureux que malheureux. Choisir des pensées positives permet donc de s'attirer du positif. De plus, selon mon observation personnelle[48], ces dernières années le processus de matérialisation de nos pensées s'est encore accéléré, il est désormais plus rapide de créer à partir de notre corps mental. Toutefois il n'est pas question de bannir nos pensées négatives, car elles font partie de nous et elles expriment des blessures dont il nous faut prendre conscience pour avancer et laisser la place plus amplement aux pensées positives.

La logique est alors de remplacer ses formes pensées toxiques par des pensées ou affirmations « positives ». Par exemple si vous avez repéré une forme pensée toxique chez vous telle que « je suis mauvais(e) » je vous propose de la transformer en « je suis une bonne personne ». Ce faisant réalisez que vous êtes cette bonne personne par des actions que vous faites, des gestes que vous avez eus, des mots que vous avez dits par exemple. Imprégnez-vous de votre bonté. Il est vraiment intéressant de transformer ses pensées en expériences sensorielles car le cerveau et le corps les mémorisent plus facilement et plus rapidement. Si je fais la

---

[48] Certains énergéticiens et géobiologues pensent que c'est l'accélération du taux vibratoire de la planète et de celui de tous les êtres vivants qui provoquent cette accélération, ça peut être une hypothèse.

comparaison avec un ordinateur, il s'agit de se reprogrammer en refaisant de nouveaux circuits, en mettant à jour de nouvelles connexions ; en d'autres mots en se forgeant de nouvelles croyances et en y rattachant les souvenirs correspondants.

Pour que l'exercice soit efficace, il vaut mieux travailler un thème ou une croyance à la fois. Et si possible là encore pendant 21 jours, le temps dont le cerveau et le corps ont besoin pour se remettre à la page. Parfois cela prend moins de temps, c'est souvent que le thème avait déjà été travaillé plus ou moins consciemment, ou que vous étiez prêt à passer à autre chose. Parfois nous n'avons pas besoin de passer par un processus de reprogrammation, cela se fait tout seul, une fois que nous avons définitivement lâché une forme pensée toxique. Il y a alors une prise de conscience soudaine qui se fait, du type : « Et bien si en fait je ne suis pas mauvais(e), je suis une bonne personne alors ! ». Les affirmations positives peuvent être efficaces si vous sentez que votre inconscient résiste au changement de croyances par exemple.

Le recours à l'affirmation positive est également intéressant si vous voulez développer une qualité ou une compétence qui vous fait défaut, et que vous souhaiteriez posséder. Je me rappelle avoir travaillé avec une affirmation très puissante et en moins de trois semaines, ma vie a totalement changé. Je vous la transmets car elle peut transformer beaucoup de choses dans votre existence, vous en êtes avertis. Je me trouvais à un carrefour de ma vie, où je connaissais pas mal d'insatisfactions dans plusieurs domaines. Je sentais le besoin d'évolution mais j'avais de nombreuses peurs qui m'empêchaient de passer à l'action. Mon Moi supérieur m'a alors soufflé une affirmation à répéter au moins trois fois par jour en pleine conscience pendant 21 jours. Il s'agit de l'affirmation : « Je suis lumière, je suis illimité ». Je me la répétais au moins trois fois dans la journée, matin, midi et soir en me visualisant emplie de force, de courage, une lumière intense rayonnant en moi. En bref j'alliais pensée et expérience sensorielle. Et en moins de 3 semaines ma vie a complètement changé du tout au tout. J'ai pris des décisions importantes, fait des choix que je rechignais à faire jusque là et dont je ne m'étais pas sentie capable jusqu'alors. Je me suis souvenue de choses que je savais faire et j'en ai développé des nouvelles. Ce n'est qu'après avoir repris mon souffle que j'ai réalisé qu'à l'origine de tout cela j'avais juste répété mon affirmation avec conviction.

Je propose régulièrement des affirmations positives à des patients qui se sentent englués dans des schémas dont ils ne parviennent pas à se sortir, en parallèle du protocole du chapitre 6. Ainsi j'ai reçu une patiente complètement enchainée dans un schéma familial destructeur. Elle avait renoncé à sa relation amoureuse, perdu son emploi et elle était retournée vivre auprès de ses parents pour aider son père et son frère en difficulté, tout cela sous l'emprise d'une mère perverse narcissique. Elle était devenue la bonne de la maison, une vraie Cendrillon. La pauvre était littéralement exsangue sur le plan énergétique et je ressentais que sa survie était même en question. Je lui proposai donc une affirmation simple pour sortir de cette situation dont elle avait conscience : « C'est moi en premier ». Au début ma patiente, complètement sous emprise, avait peur d'être égoïste en pensant de la sorte. Je lui expliquai qu'elle ne pourrait aider personne si elle ne retrouvait pas ses forces, un peu à l'image de la coupe qui ne peut se déverser sur les autres si elle n'est pas alimentée par une source. Elle devait répéter cette affirmation plusieurs fois par jour et se la rappeler notamment quand son cercle familial la sollicitait abusivement. Au bout de trois semaines, elle avait remarqué que sa situation avait déjà évolué en ne répétant cette affirmation qu'une fois par jour.

A vous de créer vos affirmations positives, je les conseille simples et courtes de manière à pouvoir les mémoriser facilement. Ecrivez-les éventuellement pour vous

aider à vous rappeler de les répéter chaque jour. Ce qui est important c'est la conviction que vous mettrez dedans, la force de votre intention et éventuellement l'expérience sensorielle associée : la visualisation, l'audition, le goût, le toucher, l'olfaction, voyez quel est votre sens le plus développé et aidez-vous en. S'il le faut respirez de l'encens, de l'eau de rose ou de l'essence de lavande en même temps que vous récitez votre mantra…
Que vous ayez opté pour les affirmations positives ou les mantras, sachez que pour qu'ils soient réellement efficaces et que vous gardiez une unité et une harmonie intérieure, il est indispensable à mon sens de pratiquer l'exercice psychique en même temps. Dans le travail alchimique il est important d'accueillir qui nous sommes entièrement pour le transmuter. Nous sommes des êtres complexes et il est important d'appréhender toutes nos facettes et de toutes les traiter avec respect. Nous avons besoin de nous unifier intérieurement, de retrouver notre sentiment de cohérence interne pour être bien dans notre vie et dans notre peau.

3- Méditation et autres techniques de respiration

Amener de la lumière dans nos différents corps physiques et subtils c'est concrètement amener du souffle, c'est respirer. Le lien entre la respiration et la méditation est tout fait. Méditer c'est d'abord prendre conscience de sa respiration. La méditation est une pratique très en vogue actuellement qui regroupe de nombreuses techniques et traditions. Malheureusement il effraie encore certains d'entre nous qui ont peur de ne pouvoir y parvenir. Or j'aimerais démystifier cette pratique qui peut être abordable pour tous dès lors que l'on sort d'une certaine vision orientale consistant à rester des heures à faire le vide dans sa tête et à ne penser à rien. Effectivement cette pratique n'est pas à la portée de tous. Nous occidentaux avons toujours la tête pleine à ras bord de pensées, c'est souvent bien trop radical pour nous.

Aussi je souhaite vous transmettre quelques exercices dans lesquels vous pourrez piocher à volonté selon votre envie - en plus du *bodyscan* que vous trouverez dans le deuxième chapitre. Ces exercices peuvent se pratiquer de façon aléatoire ou plus régulièrement, surtout si vous êtes dans une optique de soin. Avant de commencer et pour chaque exercice, je préconise de s'entourer de Lumière, ou de faire appel aux forces bénéfiques de Lumière qui vous assistent, comme vous le sentez.

3-1. La respiration consciente

Comme je l'ai écrit plus haut, nous respirons mal, voire pas assez, ce qui a pour effet de nous endiguer dans le haut de notre corps. Je reçois de nombreux patients qui me disent avoir l'impression d'être littéralement coupé en deux au niveau du cœur ou du plexus solaire et ne pas ressentir le bas de leur corps. Cela provient très souvent d'une mauvaise respiration. Le *bodyscan* peut être un moyen de redécouvrir son corps et de le rassembler. Sinon dans la même idée, je vous propose un exercice de respiration consciente. Je vous invite à vous installer dans la position de votre choix, mais en conservant un dos droit et aligné et à vous mettre à l'écoute de votre respiration. Si l'exercice dure 5 minutes, c'est déjà un temps où l'ensemble du corps aura été mieux oxygéné et c'est toujours cela de gagné ; sinon vous pouvez le prolonger comme bon vous semble. La meilleure position à mon sens est de s'asseoir en tailleur, ou sur une chaise, les deux pieds en contact avec le sol ; mais vous pouvez également être allongé si vous avez des douleurs par exemple. Vous pouvez aussi diffuser une musique relaxante si cela vous aide. Je le recommande pour les débutants.

Amenez votre attention sur votre respiration. Prenez conscience de l'air qui entre dans vos poumons et qui en ressort. Prenez conscience du rythme de votre respiration et des sensations associées. Jusqu'où descend votre respiration dans votre corps ? Avec quelle partie de votre corps respirez-vous ? La poitrine, les côtes, le bas des côtes, le ventre, le dos, le périnée, les pieds ? Essayez de respirez tour à tour dans ces différentes zones. Vous aurez peut-être des pensées et des émotions qui vont surgir, ne vous jugez pas, laissez les passer et revenez toujours à votre respiration.

Après cet exercice vous devriez vous sentir apaisé, plus calme et plus présent à vous-mêmes. Renouvelez cette pratique aussi souvent que souhaité.

3-2. La respiration du *prana*

Pour les Indiens et les clairvoyants, le prana[49] se décline en minuscules particules de lumière (blanche à jaune dorée) emplissant l'air. L'exercice de respiration du prana consiste à s'installer confortablement dans la position de méditation de votre choix, accompagné de musique ou non.

Dans un premier temps, visualisez le prana tout autour de vous, en même temps que vous prenez conscience de votre respiration. Augmentez la profondeur de votre respiration progressivement, en prenant de plus longues inspirations et en expirant de plus en plus profondément. Continuez à visualiser (ou observer) le prana tout autour de vous. Cette vision est très réconfortante, l'air scintille tout autour de vous, c'est très beau. Puis placez votre conscience dans votre chakra racine et respirez des particules de prana par votre chakra racine. Voyez des particules de prana pénétrer dans votre chakra racine et nourrir cette partie de votre corps à chaque respiration, jusqu'à vous sentir rassasié de lumière. Puis faites de même avec votre chakra sacré et tous vos chakras jusqu'au chakra couronne. Restez le temps

---

[49] Voir chapitre 1.

nécessaire sur chaque chakra, chacun peut avoir des besoins différents.

Après cet exercice, vous devriez vous sentir joyeux, léger et revigoré. Renouvelez cette pratique aussi souvent que souhaité.

3-3. La boule de lumière

Je vous propose l'exercice de la boule de lumière afin d'opérer un nettoyage basique ou approfondi (selon le temps que vous passerez) des centres énergétiques et des corps subtils. Nettoyer nos corps subtils, ce n'est pas frotter bien fort la saleté pour qu'elle disparaisse, c'est nettoyer avec la lumière de la conscience, la lumière de l'amour. Cet exercice peut durer de 10 à 30 minutes selon le temps dont vous disposez. Choisissez votre position de méditant favorite, toujours le dos bien droit, et prenez plusieurs grandes respirations pour vous pacifier.

Visualisez ensuite, à environ 30 à 50 centimètres au dessus de votre tête, une boule de lumière pure, blanche et étincelante, cette boule est amour pur. Pendant le temps d'une inspiration ou de plusieurs, faites descendre cette boule de lumière blanche le long de votre colonne vertébrale jusque dans votre bassin, au niveau de votre chakra racine. Voyez la boule de lumière blanche baigner votre chakra racine rouge (si vous souhaitez visualisez sa couleur). Respirez dans cette zone. Et à travers votre respiration, voyez la boule blanche nettoyer votre chakra racine qui retrouve progressivement sa transparence et une belle couleur. Une fois satisfait de la clarté de votre chakra racine, faites remonter la boule de lumière blanche dans votre chakra sacré orange. Respirez profondément dans cette zone et voyez comment, au fur et à mesure, la boule de lumière blanche nettoie votre chakra et comment celui-ci retrouve une teinte étincelante. Ensuite,

faites remonter la boule de lumière blanche dans le chakra du plexus solaire et ainsi de suite jusqu'au chakra couronne. Une fois votre chakra couronne nettoyé, renvoyez la boule de lumière d'où elle vient et si vous le sentez remerciez-la pour son travail.
Pour ceux qui ont de bonnes capacités de visualisation, vous pourrez assister au nettoyage de votre chakra et percevoir de la fumée grise ou des « impuretés » se détacher de vos chakras et être absorbés par la boule de lumière blanche. C'est notre amour qui absorbe nos scories et les transforme en lumière. Pour ceux dont la visualisation n'est pas le point fort, pas de panique, l'exercice n'en est pas moins efficace. Vous respirez dans des zones qui sont souvent fermées, parfois verrouillées et vous y apportez de la lumière : objectif atteint. A vous de sentir quand vous devez passer d'un chakra à l'autre, faites-vous confiance.

Cet exercice est assez puissant : outre le nettoyage des chakras, des corps subtils et des méridiens énergétiques, il permet de guérir de maux physiques plus ou moins sérieux. Ainsi un mal de tête ou un mal de gorge, débutant ou installé peuvent disparaitre. Mais s'il est pratiqué avec régularité c'est une véritable pratique d'auto-guérison complémentaire. Il existe une variante de la méditation de la boule de lumière, qui peut être un exercice complémentaire à faire en prenant sa douche. C'est un exercice de visualisation qui consiste à visualiser qu'une douche de lumière blanche coule sur vous et transforme vos énergies négatives en énergies positives.

3-4. Méditation d'ancrage

La méditation d'ancrage est destinée à vous permettre de vous relier à la Terre. Cet exercice peut prendre de 5 à 15 mn selon le temps que vous avez à lui consacrer et l'habitude qui se met en place. Je préconise de le faire quotidiennement pendant au moins 21 jours si vous avez tendance à être trop dans votre tête, angoissée ou dans la rumination mentale permanente. Vous pouvez la faire aussi en fonction de vos besoins, dès que vous sentez que vous êtes trop absorbé par vos pensées.

Adoptez une position en tailleur ou de préférence assis sur une chaise, les pieds en contact avec le sol. Prenez plusieurs grandes respirations pour vous pacifier. Visualisez ensuite, à environ 30 à 50 centimètres au dessus de votre tête une boule de lumière pure, blanche et étincelante. Pendant le temps d'une inspiration (ou de plusieurs), faites descendre cette boule de lumière blanche le long de votre colonne vertébrale jusque dans votre bassin, au niveau de votre chakra racine. Voyez la boule de lumière blanche baigner votre chakra racine. Faites descendre deux filaments de lumière blanche, un dans chacune de vos jambes, en direction de vos pieds. Les filaments descendent le long de vos deux jambes et arrivent dans vos pieds, ils sortent par votre voute plantaire en direction du centre de la terre et s'enfoncent profondément tels des racines dans le sol. Yeux fermés, vous suivez leur progression vers le cœur de la Terre, traversant strate après strate, couche après couche terrestre. Ceux qui ont de bonnes capacités de visualisation pourront découvrir des paysages sous-terrestres insoupçonnés. Accueillez vos visions sans les juger, il se passe plein de choses sous nos pieds. Continuez votre descente vers le centre de la Terre le long de vos filaments de lumière. Voilà vous vous rapprochez, vous pouvez peut-être sentir la température qui se réchauffe, une certaine douceur dans l'air. Vous parvenez enfin au cœur de la Terre qui vous apparait sous la forme d'un énorme joyau rouge. Vos filaments de lumière plongent à l'intérieur de ce joyau et à son contact se teintent en rouge. Continuez de respirer profondément. Connecté au centre de la Terre vous refaites le chemin en sens inverse vers la surface en suivant l'énergie rouge qui remonte le long de vos filaments. Vous remontez strate après strate, couche après couche. Vos filaments se teintent de rouge au fur et à mesure de la remontée. Vous atteignez vos pieds puis remontez le long de vos jambes qui se teintent de rouge et vous parvenez dans votre bassin qui s'emplit de lumière rouge à son tour. Sentez la force, la sécurité que procure l'énergie de la Terre dans votre bassin. Respirez toujours profondément. A ce stade, faites remonter cette énergie dans votre cœur et sentez comme il se dilate. Remerciez l'énergie de la Terre, remerciez-là de nous supporter, de nous nourrir et renvoyez de l'amour à notre planète pour tout ce à quoi elle pourvoit dans notre vie.

Cet exercice vous permet de vous ancrer profondément et d'être donc beaucoup plus en conscience et en présence dans votre vie. C'est la garantie de passer une journée plus agréable et d'être plus efficace dans vos actions. Les méditations et les exercices de respiration sont parfois des pauses nécessaires, des temps que l'on prend pour soi, pour se faire du bien. Ce sont des moments où l'on peut avoir d'intenses révélations, ou notre cœur ou nos guides peuvent nous parler. Il a été prouvé scientifiquement[50] que la méditation réduit l'anxiété, améliore le sommeil, accroit notre concentration, stimule notre cerveau, etc. Que de vertus ! Je vous ai décrit ici quelques exercices issus de ma pratique, mais je vous encourage à développer la vôtre. Ecoutez votre cœur il sera un guide magnifique. Dans tous les cas, faites-vous confiance, vous ne pouvez pas mal faire. Si dans les premiers temps vous vous sentez trop absorbé dans vos pensées, ce n'est pas grave, n'abandonnez pas, cela sera toujours efficace.

---

[50] Cf. En France, lire les travaux du Dr Christophe André et de son équipe dans le service psychiatrique de l'hôpital Sainte Anne (depuis 2004), Travaux de la néphrologue Corinne Isard Bagnis de l'hôpital de la Pitié Salpêtrière (depuis 2012).
Cf. *Bouddha au temps des neurosciences. Comment la méditation agit sur votre cerveau.* De James Kingsley, 2016.

4- La créativité

La créativité me semble être un magnifique outil de transformation de l'ombre en lumière. Combien de chanteurs, interprètes, peintres, sculpteurs, écrivains ou autres artistes ont su sublimer leur ombre et en faire du beau ? L'art fait du bien, c'est souvent un exutoire. Que vous ayez envie de le montrer ou de le garder pour vous, cela ne change rien. Nous avons tous besoin de laisser s'exprimer notre créativité. Nous ne sommes pas obligés de faire du beau, nous pouvons faire de l'utile, du jardinage, du bricolage. L'important c'est de nous exprimer, de nous transformer au contact d'une autre matière, bien souvent en façonnant une autre matière. On est vraiment là dans l'œuvre alchimique. Trouver dans la force de sa colère, l'énergie pour refaire les enduits de sa maison. Puiser dans la profondeur de sa tristesse pour en ressortir les plus douces mélodies. Illustrer ses peurs dans les couleurs d'un tableau. Magnifier ses angoisses dans l'harmonie d'un collier de perles de rocaille. Déposer son stress dans le jardinage. Les exemples sont innombrables.
Sur le plan énergétique le deuxième et le cinquième chakra ont vraiment besoin de travailler ensemble. Le chakra des émotions primaires a besoin d'être relié au chakra de l'expression pour être en bonne santé, pour laisser exprimer toute la force vitale de l'être. Je ne saurai donc que trop vous recommander de vous mettre à l'œuvre, de trouver un domaine artistique ou créatif qui vous attire, de vous y investir et pourquoi pas de vous y épanouir.

5- La prière

Pour faire appel à cette ressource, il est nécessaire de se sentir relié d'une manière ou d'une autre à une Energie, une Force qui nous transcende et nous habite à la fois. La prière est un geste d'élévation de l'âme vers cette énergie que je nomme, entre autres, la Source Divine (cf. préambule), pour lui exprimer notre amour, notre adoration, nos remerciements ou actions de grâces, ou encore pour obtenir ses grâces ou ses faveurs. Je vous transmets cette citation du prêtre théologien et philosophe Pierre Teilhard de Chardin : « nous ne sommes pas des êtres humains vivant une expérience spirituelle mais des êtres spirituels vivant une expérience humaine ». Sans entrer dans le débat, je peux seulement témoigner de mon expérience personnelle qui me permet d'expérimenter dans différents secteurs ce lien avec cette Energie. Cette reliance, comme toute relation, a son histoire, ses épreuves, ses espoirs, ses hauts et ses bas ; mais surtout il y a cet Amour, cette Confiance qui me pousse à vouloir me dépasser, à devenir la meilleure version de moi-même. Aussi je ne peux que vous faire part de mon expérience personnelle de la prière, sans prosélytisme, car pour l'avoir vécu, je sais que si l'on n'a pas, ou si l'on n'a plus ce lien, on ne peut pas se forcer pour le (re)trouver. Un jour, il apparait comme ça dans l'intimité du Cœur qui s'ouvre à la Grâce, poussé par on ne sait quel besoin, envie, ou simple concours de circonstances.

J'ai pas mal tâtonné avant de trouver une manière de prier qui me convienne. La pratique que j'ai adoptée depuis maintenant de nombreuses années est celle que l'on nomme communément la « prière du Cœur ». A distinguer de la pratique chrétienne orthodoxe qui porte le même nom, la prière du cœur est tout simplement une prière qui provient de notre Cœur[51]. C'est une prière qui est plus le résultat d'un élan que celui d'une réflexion. En cela, c'est une création unique, originale à chaque fois, mais toujours simple, sans grande formule ni fioriture. La prière me vient à chaque fois que j'ai besoin de m'adresser à la Source à l'intérieur de moi ou à l'extérieur de moi. Aussi si j'ai des demandes ou des remerciements à adresser à mon Moi supérieur j'utilise la

---

[51] Voir chapitre précédent.

prière. Idem pour m'adresser à mes guides spirituels. Je leur demande de me guider, de m'assister, de m'aider à résoudre des problèmes concrets, psychiques ou spirituels. Je vous recommande cette pratique car je la trouve très efficace. J'ai souvent lu ou entendu dire que chaque prière est entendue et exaucée d'une manière ou d'une autre, surtout si elle est juste pour notre chemin de vie. Les mots sont déjà dotés d'une énergie extraordinaire, aussi même s'ils sont simples, choisissez les précis, tout en restant ouvert à la manière dont votre prière sera exaucée. Si j'ai un dernier conseil, c'est de remercier le Destinataire de vos prières à la fin, une belle manière de développer notre confiance ; je trouve qu'elles sont d'autant plus efficaces.

6- S'accompagner des autres règnes vivants

Il existe parmi les autres règnes vivants, animal, végétal, minéral de nombreux êtres susceptibles de nous aider dans le nettoyage de nos corps subtils. Je ne m'étendrais pas beaucoup sur le sujet mais cela vaut le coup de s'y arrêter un instant car nous vivons en interconnexion avec les autres règnes vivants. Vivants ? Certainement, même s'ils n'ont pas la même constitution que nous et ne sont pas dotés des mêmes caractéristiques, tout sur notre planète est vivant et émet une vibration, des animaux, en passant par les plantes jusqu'aux roches et autres cailloux. Nous pouvons alors faire appel à eux pour nous aider dans notre chemin d'évolution personnelle. Certains le font avec grand plaisir et beaucoup d'amour, tant qu'on le leur demande avec respect.

6-1. Le règne animal

L'Homme sait depuis longtemps qu'il peut trouver des aides dans le monde animal, à plusieurs niveaux. Pour ce qui nous concerne ici, l'être humain a toujours su s'entourer d'animaux domestiques capables de lui donner la chaleur, l'affection, voire l'amour dont il manque bien souvent. Ainsi des petits rongeurs, jusqu'aux chevaux en passant par le chien et le chat, il a trouvé en son compagnon animal, des compétences sur lesquelles il s'appuie pour évoluer. De nombreux rapports scientifiques ont montré l'utilité du cheval[52] et du chien. Notamment dans l'amélioration de l'autisme et dans des thérapies traitant des pathologies physiques ou mentales ou des patients atteints de difficultés psychiques (dépression, troubles des comportements alimentaires, addictions, désorientation...), ou encore en rupture sociale. Récemment le cheval a même été inséré en maison de retraite auprès de personnes âgées et dans des hôpitaux pour le mieux-être des patients.

Il en serait de même avec le chant des baleines et des dauphins qui auraient une fonction antistress thérapeutique chez des enfants atteints d'hyperactivité ou d'handicaps divers. Des scientifiques[53] ont mis en place des télescopes sous-marins équipés d'hydrophones. Ces détecteurs ont mis en évidence que les baleines ont la particularité de chanter sur la même fréquence que les neutrinos à haute énergie émis par les étoiles (voir chapitre 1). C'est peut-être une piste d'explication de la guérison de ces enfants. Par ailleurs il a été prouvé que leur chant modifie la fréquence des ondes cérébrales, en les faisant passer d'une haute fréquence (bêta) à une basse fréquence (thêta).

Le chien appelé aussi le « meilleur ami de l'homme », apporte un soutien indéfectible dans son affection, son amour et sa loyauté pour son maitre. Ce qui permet à ce dernier de trouver un allié pour gérer ses frustrations et ses manques. Sur le plan énergétique, ces animaux tout comme le chat sont capables

---

[52] Cf. L.Hameury, P.Delavous, B.TesteC.Leroy, J.-C.GaboriauA.Berthier : « Equithérapie et autisme », Annales Médico-psychologiques, revue psychiatrique, Volume 168, Issue 9, November 2010, Pages 655-659.
[53] Cf. la plate-forme *Lido* (Listen to the Deep Ocean) a mis en place des télescopes sous-marins équipés d'hydrophones et permet de suivre en direct sur Internet[53] les sons émis par les 80 espèces de cétacés (baleines, cachalots, dauphins) qui sillonnent les mers du monde.

d'endosser par amour certains fardeaux énergétiques et de les porter à la place de leur maitre. Le chat nettoie lui constamment les énergies de son territoire. On dit souvent que le chat se couche à l'endroit le plus bas énergétiquement car il a la capacité de transmuter les ondes négatives en ondes positives. Il le fait pendant son sommeil. Par ailleurs on utilise aujourd'hui son ronronnement en thérapie, la ronron-thérapie qui donne pour certains de très bons résultats dans le traitement des troubles du sommeil.
Je ne balaye que rapidement l'infini potentiel de nos homologues animaux. C'est à chacun de savoir s'il souhaite échanger avec un tel partenaire de bons soins contre beaucoup d'amour. On a parfois tendance à tourner en dérision la force des liens qui peut nous unir à un animal car l'on n'en perçoit pas la richesse ni la profondeur. On aurait pourtant tort de les sous-estimer. Heureusement, aujourd'hui la conscience de la valeur de la vie animale s'éveille en faveur de ces derniers et si j'ose dire du bien-être de tous.

6-2. Le règne végétal

Ces dernières années de multiples travaux ont été menés sur l'impact du règne végétal dans le bien-être de l'homme. Pourtant ce dernier a recours aux plantes depuis l'origine de l'humanité, pas seulement sur le plan physiologique où l'on sait désormais que sans végétation notre espèce ne pourrait survivre, mais aussi sur le plan psychique voire spirituel.
La phytothérapie, c'est-à-dire la thérapie à base de plantes, soigne de nombreux maux psychiques, comme le stress, l'angoisse, l'insomnie, les addictions. Dans la phytothérapie, on utilise les principes actifs des plantes pour prévenir ou soigner certaines problématiques. Il existe plusieurs approches en phytothérapie : certains phytothérapeutes préconisent une approche holistique, ils s'intéressent aux effets de la plante dans sa globalité, sur tout l'individu.

D'autres se basent davantage sur les connaissances biochimiques et se préoccupent plutôt des symptômes des maladies et de l'action des principes actifs des plantes.

Les huiles essentielles sont obtenues par distillation à la vapeur d'eau de plantes aromatiques ou de parties de cette plante (fleur, feuille, bois, racine, écorce, fruit,...). Une huile essentielle est donc l'essence distillée de la plante aromatique. Les huiles essentielles sont dotées de propriétés innombrables et peuvent autant soigner le corps que le cœur ou l'esprit[54]. Ainsi sur le plan psychique, elles peuvent nous aider à canaliser nos émotions, nous inciter à lâcher prise, nous aider à nous purifier. Elles peuvent renforcer notre centrage, notre concentration, notre ancrage, notre sentiment de sécurité, renforcer notre confiance en nous et nous combler de bienfaits dans tous les aspects de notre vie. J'utilise parfois l'aromathérapie dans mes soins.

La florithérapie ou thérapie à base d'élixirs floraux est là encore toute indiquée pour traiter les déséquilibres émotionnels. Les plus connus en France sont les 38 élixirs floraux du Dr Bach, mais il existe des élixirs floraux andins, des élixirs floraux du Bush australien, etc. Les élixirs floraux sont des extraits liquides subtils préparés par infusion solaire de fleurs sauvages ou cultivées. Chaque élixir est porteur d'une qualité spécifiquement liée à l'espèce florale dont il est issu. Cette qualité est l'expression d'une capacité de rééquilibrage émotionnel mais aussi d'une dynamique d'épanouissement et de transformation de la personne. Le principe d'action est le suivant : les fleurs, cueillies à maturité sont perçues comme des êtres vivants et sensibles, adaptées à leur environnement et capables de rentrer en résonnance avec la vie émotionnelle de l'être humain.

La sylvothérapie fait de plus en plus d'adeptes à travers le monde. Au Japon, elle est notamment en vogue en ce moment et en France on redécouvre depuis une dizaine

---

[54] Cf. *38 huiles essentielles pour le corps, le cœur et l'esprit*, Françoise Elliott, 2015, Paris.

d'année les bienfaits de se mettre en relation avec un arbre pour aller mieux. Le principe est le suivant : l'arbre comme tous les êtres vivants possède un canal énergétique assez similaire au nôtre, qui part du sol et s'élève jusqu'au ciel. La sylvothérapie consiste à bénéficier de ce canal pour nous décharger de nos énergies lourdes. De plus, d'un point de vue scientifique, les arbres émettent des ions négatifs qui sont bénéfiques pour rester en bonne santé et lutter contre le stress et l'accumulation de fatigue[55].

Ces thérapies ne représentent qu'une petite illustration des remèdes et des aides que l'on peut trouver dans le règne végétal. On pourrait encore évoquer l'homéopathie, la gemmothérapie et bien d'autres. Si le cœur vous en dit renseignez-vous, vous pourriez découvrir de nombreux atouts issus du monde végétal pour vous aider à faire briller votre lumière.

6-3. Le règne minéral

Depuis une cinquantaine d'années on redécouvre les vertus du règne minéral alors que de tout temps, les pierres ont été utilisées pour soigner et accompagner les hommes sur leur chemin de vie. La lithothérapie utilise les pierres, cristaux et minéraux pour guérir l'être humain. C'est une méthode de soin holistique qui a une action à tous les niveaux de l'être. L'action se fait sur notre système d'énergies subtiles puis par interaction se transmet à nos autres plans physique, émotionnel, mental ou spirituel, en relation avec le type d'énergie de la pierre, selon nos besoins. Mais l'action se fait aussi de manière organique par des échanges entre les composants chimiques de la pierre (du lithium, du fer, du

---

[55] Cf. les travaux du Dr Qing Li, expert mondial de sylvothérapie, médecin immunologiste au Département d'hygiène et de santé publique à l'Université de Médecine de Tokyo, membre fondateur de la société japonaise de sylvothérapie, Shinrin Yoku : *L'art et la science du bain de forêt*, éditions First.

manganèse, du cuivre, du souffre, etc.) et notre peau. Notre corps contient des minéraux et a besoin d'un apport régulier pour être en équilibre ; les pierres sont une manifestation naturelle permettant de nous supplémenter.

Sans être lithothérapeute, je travaille dans ma pratique de soins avec les pierres, les cristaux et les minéraux et je les utilise à titre personnel depuis mon adolescence. Certaines pierres m'ont vraiment aidée à dépasser des obstacles dans mon travail personnel, d'autres m'ont aidée à guérir sur le plan physique, d'autres m'ont soutenue pendant un travail de deuil, m'ont accompagnée dans mes transitions, m'ont aidée à développer certaines capacités psychiques, à réguler mes colères, à lâcher prise, à m'ouvrir à l'amour, etc. En bref les pierres, les cristaux et les minéraux sont des alliés précieux qui viennent mettre nos ombres en lumière et embellir notre vie quand nous sommes malades ou que nous ne sommes pas bien.

Se rendre sur un lieu hautement vibratoire, autrement dit chargé en bonnes énergies peut apporter aussi un soutien pour purifier ses corps psychiques. Ces lieux contiennent souvent des rochers, des minéraux dans le sol ou une combinaison des deux qui les énergisent, en association avec des végétaux, des animaux et d'autres créatures subtiles. Pensons aux menhirs ou autres cercles de mégalithes, ils dégagent souvent de hautes énergies. Même s'il demeure beaucoup d'énigmes autour de cette tradition celte, les anciens s'accordent à dire que à cette époque on y pratiquait des rituels de guérison. Certains géobiologues utilisent des points géo-pathogènes - les « points menhir » - pour y placer un menhir qui fait le lien entre les énergies de la Terre et du Ciel. Cette pierre (ou parfois un autre dispositif faisant office) sert de condensateur et transmute l'énergie pathogène en énergie positive puis l'irradie ensuite autour d'elle dans son environnement. Cela peut être une expérience revigorante de passer un moment dans ces endroits.

J'ai bien conscience que ce passage en revue est rapide et largement réducteur du soutien que peuvent nous apporter les différents règnes vivants. J'encourage le lecteur à se laisser guider selon sa sensibilité vers le.s règne.s vivant.s de son choix afin de s'appuyer sur les nombreuses vertus qu'ils peuvent offrir pour apporter de la lumière dans sa vie.

Nous ne sommes pas seuls et bien que nous ayons en nous de nombreuses ressources pour se guérir et/ou cheminer vers soi, il me semble intéressant de faire appel aux autres règnes afin de nous aider dans ce travail.

Notre démarche vers l'amour inconditionnel de soi, vers la transmutation de nos ombres requiert une grande attention, du courage et de la patience. Certaines mémoires de souffrance auront besoin d'être mises à jour une fois et se volatiliseront quasi instantanément. Elles n'étaient pas inscrites très profondément en nous. Pour d'autres, il faudra répéter le processus de nombreuses fois avant de se sentir apaisé. Alors j'insiste : quand le découragement vous guette, n'abandonnez pas, faites une pause si besoin mais revenez toujours à votre pratique. Pour ces moments de désespoir, ces moments où vous vous sentez submergé, ces moments où les épreuves vous accablent, ces moments où vous doutez, je vous ai transmis un texte – reçu en méditation - que vous trouverez en annexe[56], sentez vous libre de le lire pour vous aider. Cela ne sert à rien de multiplier à l'infini les angles d'approche, les thérapies, les thérapeutes, si ce n'est de nous éparpiller, de rester prisonnier de son mental et de tourner en rond. Personne ne peut vous sauver excepté vous-même. **Personne ne peut faire le chemin à votre place.**

Mais il ne faut jamais oublier que nous **sommes lumière** et que **nous portons de l'ombre**. Nous ne sommes donc pas fractionnés en deux parties équivalentes. Nous sommes lumière et notre lumière est voilée par l'ombre que nous portons. Nous avons donc le pouvoir de transmuter notre

---

[56] Annexe 3.

ombre en lumière car nous sommes constitués de lumière, alors que l'ombre est seulement ce qui nous habille. Lumière - ou amour - voilà l'élément qui peut tous nous permettre de transmuter notre souffrance. Nous disposons tous de la même donnée, à chacun d'en faire ce qu'il veut. La vie n'est qu'expérience.

CE QUE L'ON PEUT RETENIR

- Transformer notre ombre en lumière revient à faire le même travail que l'alchimiste : transformer le plomb en or, faire descendre la lumière de la conscience sur notre ombre afin de la transmuter.

- Le processus se fait naturellement quand on pratique le protocole du chapitre 6 : on remonte des parties de notre inconscient à notre conscience, notre ombre à la lumière.

- Parfois il y a des résistances ou des obstacles sur notre route, on peut alors s'appuyer sur d'autres pratiques complémentaires à l'exercice psychique.
- Les lettres de guérison sont particulièrement utiles en cas d'intensité émotionnelle ou en cas de blocage profond. Il en existe plusieurs : lettre à un tiers, lettre écrite à soi-même, lettre de l'enfant intérieur, lettre du parent intérieur. Les lettres de guérison sont particulièrement efficaces pour prendre conscience de ses croyances et de ses schémas de fonctionnement répétitifs.

- Les affirmations positives sont des vecteurs de diffusion de la lumière dans sa pensée et par conséquent, dans ses émotions. Elles sont à pratiquer quand nous avons besoin de prendre conscience de nos pensées et de nos émotions négatives, avant de se créer d'autres pensées et donc d'autres circuits, ou quand certaines de nos croyances sont résistantes et que nous avons du mal à les lâcher.

- Les méditations ou exercices de respiration peuvent aussi soutenir notre processus alchimique interne. La respiration consciente, la respiration du prana, la méditation de la boule de lumière et la méditation d'ancrage en font partie.

- La créativité est aussi un outil de transformation de l'ombre en lumière par la sublimation. Ainsi on peut transformer sa souffrance en art, en œuvre littéraire ou dans une activité de jardinage.

- La prière est une pratique qui permet de nous relier à une Energie plus grande que nous, la Source divine. Cette pratique nous permet d'obtenir de l'aide, du soutien dans les différents domaines de notre vie : matériel, psychique et spirituel.

- On peut aussi s'aider des autres règnes vivants : le règne animal, le règne végétal et le règne minéral. On peut s'appuyer sur des êtres vivants issus de l'un ou de plusieurs de ces règnes pour mener à bien notre travail personnel.

- Nous faisons partie d'un tout, et nous sommes interconnectés avec notre environnement qui ne demande qu'à nous assister si nous lui en faisons la demande respectueusement.

- Nous sommes lumière et nous portons de l'ombre, notre constitution même nous permet de transformer l'ombre en lumière.

CONCLUSION

« Une prise de conscience est comme le soleil, lorsqu'il brille sur les choses, elles sont transformées ».
Thich Nath Hanh
« Paracelse disait : « Toute médecine est amour ». Disons surtout : « Tout amour est médecine» »
Edgar Morin

En aimant notre ombre, nous la transmutons. En mettant en lumière nos mémoires souffrantes, nous les libérons. Inscrites au cœur de nos cellules sous forme de fréquences vibratoires, d'énergies « lourdes », leur libération débloque ces énergies et donc nous changeons de fréquence vibratoire : nous nous allégeons. Etant donné que c'est la résonnance de notre énergie qui attire à nous les situations que nous vivons, désormais nous attirons plus facilement des opportunités, des changements sains, des personnes lumineuses, etc. La première étape est donc d'**aimer la maladie** quand elle se présente, c'est une ombre à aimer, de la souffrance à libérer ; et ce pour une vie meilleure à venir.

Que l'on soit malade ou que l'on souffre de mal-être, nos symptômes viennent toujours nous rappeler que l'objectif de notre existence sur Terre est de se connaitre intimement. Plus encore de s'aimer. Quel autre but pourrait-elle avoir ? Je ne crois pas qu'il s'agisse simplement de se reproduire, ni de devenir riche, ni de parcourir les quatre coins du globe, ni encore de jouir de tous les plaisirs. Ces objectifs secondaires d'après moi ne sont que des moyens pour parvenir au résultat recherché par tous qui est l'amour, voire le bonheur. Mais le bonheur pour qu'il soit durable ne peut souffrir le manque d'amour, car il laisse alors la place à la peur, à la souffrance.

La maladie est un déclencheur, un facteur de prise de conscience personnelle, dévoilant que certaines parties de nous demandent du soin, de l'attention, donc de l'amour. Quand je parle d'amour, j'entends un amour inconditionnel, cet amour qui tolère tout, accepte tout, même ce qui est vil à nos yeux, même ce qui est répréhensible aux yeux des autres. Quand nous ne nous aimons pas, c'est majoritairement que nous nous regardons avec les yeux des autres. Les yeux de ceux qui nous ont élevé, les yeux de ceux qui nous ont éduqué, les yeux de nos pairs. Enfants, nous avons donné de l'importance à ces yeux car nous étions en attente d'amour et nous pensions que pour l'obtenir il fallait endosser le regard que l'autre portait sur nous. A l'âge adulte nous sommes en mesure de nous défaire de ces regards, de ces opinions, nous sommes en mesure de nous apporter l'amour qui nous a fait défaut. La routine psychique, la communication avec son corps et les différents exercices proposés dans cet ouvrage sont des propositions pour atteindre cet objectif.

Cela ne se fait pas en un jour, il peut y avoir des moments de découragement, des obstacles extérieurs qui ne sont en fait que les reflets de nos résistances intérieures. C'est le travail d'une vie : le dialogue entre le présent et le passé. Mais s'il est entrepris consciencieusement et régulièrement, il porte ses fruits rapidement. Il nous permet de vivre plus pleinement, de plus en plus en phase avec le moment présent. Il nous permet de jouir de ce que la vie a de nouveau à nous offrir. Faire ce travail c'est vivre plusieurs existences en une seule, car l'épreuve n'est plus vue comme une limitation mais comme une opportunité. Nous savons que même la maladie est un message d'amour qui nous veut du bien : « reviens vers toi, occupe-toi de toi, aime tes souffrances, panse tes blessures et rayonne ta lumière ». Nous n'avons plus peur de tomber car nous savons que nous sommes capables de voler. Nous faisons de la place à la vie en nous.

Et de « maladie mon amour », nous évoluons vers : « Vie mon amour » !

Vivre en conscience, c'est vivre responsable. Nous avons le choix de nous bercer d'illusions et d'adhérer à ce que nos systèmes archaïques nous proposent : le travail c'est la santé, la famille c'est le bonheur, la pierre c'est la sécurité. Mais on voit bien que cette propagande n'a pour dessein que d'alimenter des entités gigantesques qui ne nous veulent pas du bien et ne laissent aucune place à nos individualités. Alors comment reprendre la main ? En vivant en conscience. Plus nous sommes conscients de qui nous sommes, plus nous sommes conscients de ce qui nous entoure ; plus nous sommes responsables de notre destinée, moins il nous viendrait à l'esprit de la placer dans des mains peu scrupuleuses. Plus nous devenons conscients, plus nous quittons le monde de l'assistanat et moins nous avons besoin de la pseudo-sécurité d'une matrice qui nous asservit, nous déresponsabilise et nous rend malade. C'est à chacun de savoir ce qu'il veut.

Réaliser ses rêves est à portée de main quand on est conscient de qui l'on est, car l'on peut désormais attirer à soi ce qui vibre avec notre énergie. Notre énergie est allégée, apaisée. Si nous ne sommes plus en lutte contre nous-même, nous sommes en paix avec notre environnement. Les maladies de la planète ne sont que les reflets des conflits intérieurs et en conséquence des conflits extérieurs entre les êtres humains. C'est une démarche écologique de faire un travail sur soi. Trouver l'harmonie en nous, permet de trouver l'harmonie avec le Tout.

Si nous sommes en paix intérieurement, il nous est plus facile d'entendre la voix de notre cœur, d'entendre **Ce** qui en soi ne veut expérimenter que l'**amour**. Et la vie nous apporte alors ce dont nous avons besoin et ce qui nous

correspond réellement, elle nous nourrit, elle nous chérit, elle nous encourage à rayonner encore plus !
Bien cher lecteur, c'est tout ce que je vous souhaite !

ANNEXE 1
Corps physique et corps subtils

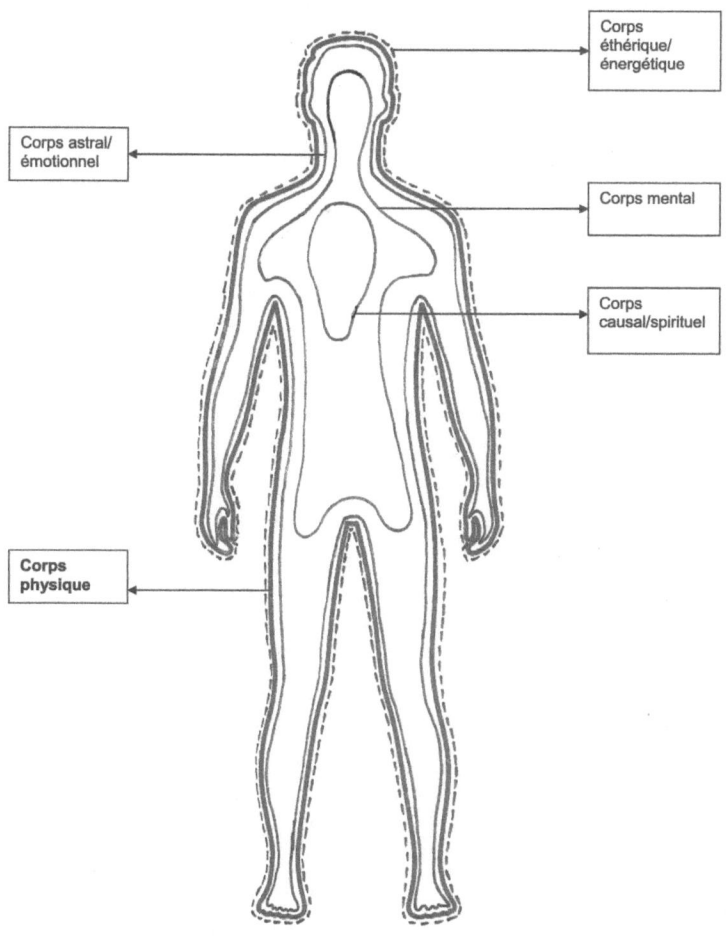

ANNEXE 2
Les 7 chakras principaux

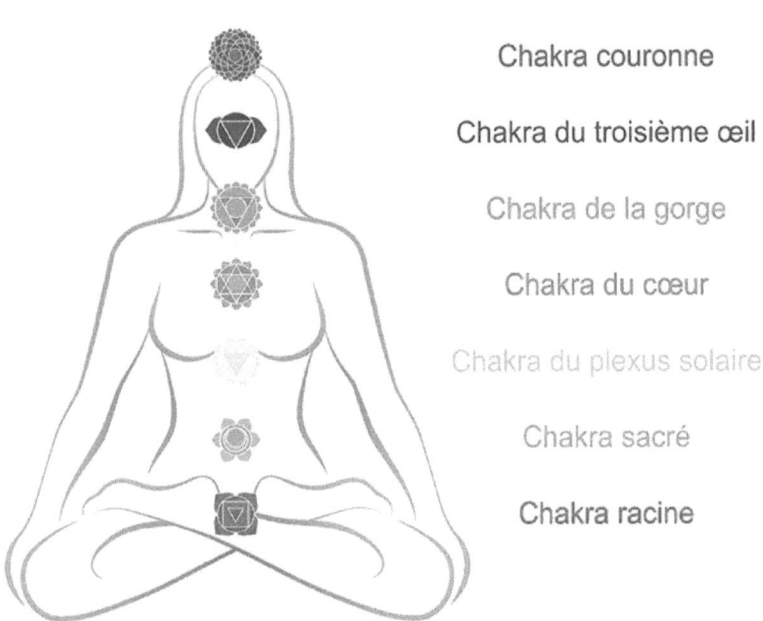

(Représentés par des symboles indiens)

ANNEXE 3
Lettre ouverte des plus Hautes Instances de Toi-même

Destinée à ceux qui sont en chemin et qui connaissent une période de découragement, de doute, ou d'épreuve.

« Mon Aimé,
Je sais ce que tu endures, je sais ce que tu éprouves au plus profond de toi. Tout ce que tu vis, je le vis aussi. Je ressens ta tristesse profonde, tout autant que la colère en toi qui gronde. Je ressens ton indignation, tes déceptions et l'amertume de tes désillusions. J'observe tes peurs qui te tétanisent et j'entends tes doutes qui te paralysent. Je vois que tu as parfois peur de perdre pied et de te faire engloutir par le désespoir. Tu ne sais plus où aller, ni à quel saint te vouer, tu te sens perdu et pourtant mon très Cher, c'est maintenant que tu es au plus près de toi-même ! Tu penses qu'en toi tout n'est que tumulte et désordre, tu te sens assailli, submergé et ne sais où donner de la tête. Alors ne fais rien mon très Cher. Pose-toi. Et accueille ce qui se révèle. Accueille en conscience ces parties de toi qui s'expriment. Ce sont des tristesses, des peurs et des colères anciennes, viscérales qui remontent à la surface, ravivées par ce que tu vis aujourd'hui. Ce sont des blessures encore à vif qui ont besoin d'être pansées, cicatrisées. Dépose sur elles l'onguent de ton amour. Prête l'oreille, et écoute derrière le chaos apparent la petite voix de ton cœur qui t'exhorte à accepter inconditionnellement tout ce qui surgit, à ne plus lutter contre. C'est dans ces moments où tu crois que tout est perdu, ou tu doutes de tout, y compris de ta propre lumière, qu'il est primordial de faire face. Regarde, observe, ressens, pleure et recommence mon très Cher. Nous sommes à tes côtés. Accueille tes douleurs avec tendresse et bienveillance. C'est au cœur de ta souffrance que réside ta guérison, ne la rejette plus. Regarde-toi avec compassion, avec gentillesse, avec gratitude. Libère tes mémoires et confie les nous. Elles ne te

servent plus. Tu as toujours fait du mieux que tu pouvais. Et tu continues aujourd'hui.

Vois tous les efforts que tu as faits jusqu'à aujourd'hui, tout le chemin que tu as parcouru. Nous sommes fières de toi. Tu peux être fière de toi mon Aimé. Tes souffrances passées sont une opportunité pour toi de contempler l'intensité de ta lumière : la lumière de l'acceptation, la lumière du pardon, la lumière de l'amour inconditionnel de qui Tu es. Garde le cap mon très Cher, alors que tu crois être au plus bas, tu t'allèges en fait de tout ce qui ne te sert plus. Sois en conscient.

Crois-nous mon Aimé, viendra un moment où les marées de ton âme s'espaceront et n'auront plus la même intensité. L'ombre transformée en lumière produit une matière légère, alignée, transparente et en même temps solide, comme le cristal. Tu pourras t'appuyer en confiance dessus. Ce sera le terreau de tes rêves les plus chers, l'ingrédient incontournable de ta réussite éclatante.

Les Plus Hautes Instances de Toi-même »

BIBLIOGRAPHIE

Beerlandt Christiane, *La clef vers l'autolibération. Origine psychologique de 1000 maladies*,
Benor Daniel J., « Distant healing, Personal Spirituality Workbook », *Subtles Energies* 11, n° 3, 2000, p. 249-264.
Blond Olivier, « Les miracles de l'effet placebo défient la science » [archive], sur www.lesechos.fr, 2001.
Bohm David, *The wholeness and the implicate order*, 1980.
Bourbeau Lise, *Les cinq blessures qui empêchent d'être soi-même*, 2000.
Bourbeau Lise, *Ton corps dit : "Aime-toi !" - Les malaises et maladies et leurs messages*, 2012.
Brennen Barbara, *Le pouvoir bénéfique des mains*, 2011.
Byrne Rhonda, le Secret, 2006
Dale Cindy, *Le corps subtil. La grande encyclopédie de l'anatomie énergétique*, 2013.
De Suranny Marguerite, *Pour une médecine de l'âme*, 1999.
Damasio Antonio, *L'Autre moi-même: Les nouvelles cartes du cerveau, de la conscience et des émotions*, 2012.
Don Miguel Ruiz, *Les quatre accords toltèques.* La voie de la liberté personnelle, 1999.
Dyer Wayne W., *Il faut le croire pour le voir*,
Elliott Françoise, *38 huiles essentielles pour le corps, le cœur et l'esprit*, 2015.
Festinger Léon, *Quand la prophétie échoue,* 1956.
Filliozat Isabelle, *Au Cœur des émotions de l'enfant*, 1999.
Godfroid Ivan O., *L'effet placebo. Un voyage à la frontière du corps et de l'esprit*, 2003.
Guerchon Michael, *The second Brain*, 1999
Hamer Ryke Geerd, *Vermächtnis einer Neuen Medizin*, 1998.
Jung Carl G., *Psychologie de l'inconscient*, 1916.
Karpman Stephen, *Le Triangle dramatique - Comment passer de la manipulation à la compassion et au bien-être relationnel,* 2014.

Kingsley James, *Bouddha au temps des neurosciences. Comment la méditation agit sur votre cerveau.* 2016.
Krishnamurti Jiddu, *Se libérer du connu,* 1969.
Martel Jacques, *Grand dictionnaire des malaises et des maladies*, 2007.
Mesmer Franz Anton, *Précis historique des faits relatifs au magnétisme animal. 1781*, 2005.
Meurois Daniel, Croteau Marie-Johanne *Le grand livre des thérapies esséniennes et égyptiennes*, 2013.
Myel Konstantin, *Scalar Waves*, 2003. Odoul Michel, *Dis-moi où tu as mal je te dirai pourquoi*, 1994.
Radin D. I. & M. J. Schlitz (2005 Feb). "Gut Feelings Intuition and Emotions: An Exploratory Study.", *Journal of Alternative and Complementary Medicine*, 11(1): 85-91.
Ober Clinton, Sinatra Stephen, Zucker Martin, *Connectez-vous à la terre*, 2013.

TABLE DES MATIERES

Préambule ....- 7 -
INTRODUCTION ....- 13 -
Cette énergie qui me constitue .... - 21 -
   1-   Energie physique et énergie subtile................... - 22 -
   2-   L'être humain .... - 28 -
   3-   Corps physique, corps subtils .... - 29 -
       3-1.   Le corps physique ....- 30 -
       3-2.   Le corps éthérique ou corps énergétique...- 31 -
       3-3.   Le corps émotionnel ou astral ....- 31 -
       3-4.   Le corps mental ....- 32 -
       3-5.   Le corps causal ou spirituel...................- 32 -
   4-   Les centres énergétiques ou *chakras*............. - 34 -
       4-1.   Le chakra racine ....- 35 -
       4-2.   Le chakra sacré ....- 36 -
       4-3.   Le chakra du plexus solaire...................- 37 -
       4-4.   Le chakra du cœur ....- 38 -
       4-5.   Le chakra laryngé ....- 39 -
       4-6.   Le chakra frontal ou chakra du 3ème œil.- 40 -
       4-7.   Le chakra couronne ....- 41 -
   5 – Les polarités énergétiques...................................- 43 -
Chapitre 2 .... - 47 -
Ce corps qui me parle .... - 47 -
   1- Notre corps au quotidien ....- 49 -
       1-1.   Prendre conscience de son corps ....- 50 -
       1-2.   Dialoguer avec son corps.......................- 52 -
   2- Expérience personnelle ....- 54 -
   3- Expérience en patientèle ....- 56 -
   4- « J'ai mal mais les examens ne montrent rien »...- 70 -
Chapitre 3 .... - 75 -
Ces émotions qui me meuvent................................... - 75 -
   1-   Emotions et biologie .... - 77 -
   2-   Le dessous des émotions .... - 80 -
   3-   Les types d'émotions.. - 81 -
   4-   Emotions et vieilles blessures .... - 84 -
   5-   Quid du contrôle des émotions .... - 89 -
       5-1.   L'hyper-expression émotionnelle..........- 89 -
       5-2.   L'hypo-expression émotionnelle...........- 92 -

Chapitre 4 .... - 97 -
Ces pensées qui m'habitent et ces croyances qui me gouvernent   - 97 -
    1-   Les pensées *vs* les idées .... - 99 -
    2-   Les pensées et la mémoire .... - 102 -
    3-   Les pensées et les croyances .... - 104 -
    4-   Renoncer à ses croyances, changer ses pensées .... - 108 -
    5-   Hyper mentalisation et doutes .... - 111 -

Chapitre 5 .... - 117 -
Ce message qui me pousse à changer .... - 117 -
    1-   Dialogue .... - 118 -
    2-   Le message .... - 121 -
    3-   Décrypter le message .... - 125 -

Chapitre 6 .... - 131 -
Ces ressources intérieures que je possède .... - 131 -
    1-   Agir en curatif .... - 132 -
        1-1.   Soigner son corps physique .... - 132 -
        1-2.   Soigner ses corps énergétiques .... - 134 -
    2-   Agir en préventif .... - 145 -
        2-1.   Entretenir son corps physique .... - 145 -
        2-2.   Adopter une hygiène psychique .... - 150 -
    3-   En permanence .... - 160 -

Chapitre 7 .... - 167 -
Cet Amour qui me transforme .... - 167 -
    1-   Lettres de guérison .... - 168 -
        1-1.   Lettre écrite à un tiers .... - 169 -
        1-2.   Lettre écrite à soi-même .... - 170 -
        1-3.   Lettre de l'enfant intérieur .... - 171 -
        1-4.   Lettre du parent intérieur .... - 171 -
    2- Affirmations « positives » .... - 172 -
    3- Méditation et autres techniques de respiration .... - 176 -
        3-1.   La respiration consciente .... - 177 -
        3-2.   La respiration du *prana* .... - 178 -
        3-3.   La boule de lumière .... - 179 -
        3-4.   Méditation d'ancrage .... - 180 -
    4- La créativité .... - 183 -
    5- La prière .... - 183 -
    6- S'accompagner des autres règnes vivants .... - 185 -
        6-1. Le règne animal .... - 185 -
        6-2. Le règne végétal .... - 187 -
        6-3. Le règne minéral .... - 189 -

CONCLUSION	- 195 -
ANNEXE 1	- 199 -
ANNEXE 2	- 200 -
ANNEXE 3	- 201 -
BIBLIOGRAPHIE	- 203 -
TABLE DES MATIERES	- 205 -

© 2020, Anaïs Favre
www.anais-favre.com

Édition : BoD – Books on Demand, 12/14 rond-point des Champs-Élysées, 75008 Paris.
Impression : BoD - Books on Demand, Norderstedt, Allemagne

ISBN : 9782322210046
Dépôt légal : Avril 2020